CORAGEM

MEMBRO DE SEITA. FUGITIVA. CATIVA. CELEBRIDADE.
VÍTIMA. SÍMBOLO SEXUAL. DEFENSORA DA JUSTIÇA.

CORAGEM

ROSE McGOWAN

Tradução de
Carolina Caires Coelho

HarperCollins

Rio de Janeiro, 2018

Título original: Brave

Design: Yvonne Chan

Contato:
Rua da Quitanda, 86, sala 218 – Centro – 20091-005
Rio de Janeiro – RJ – Brasil
Tel.: (21) 3175-1030

CIP-Brasil. Catalogação na Publicação
Sindicato Nacional dos Editores De Livros, RJ

M414c

Mcgowan, Rose
Coragem / Rose Mcgowan; tradução Carolina Caires Coelho. – 1. ed. – Rio de Janeiro: Harper Collins, 2018.
288 p.

Tradução de: Brave
ISBN: 978-85-9508-283-0

I. Mcgowan, Rose, 1973-. 2. Atrizes – Estados Unidos – Biografia. 3. Coelho, Carolina Caires. II. Título.

18-47400 CDD: 819.13
CDU: 821.111(71)-3

SUMÁRIO

Dedicado a todos nós, sobreviventes

NOTA DA AUTORA

Minha vida sempre foi de extremos. *CORAGEM*, este livro, não foi diferente. Enquanto o escrevia, tolerei invasões, perseguições, espionagem. Partes do texto foram roubadas. Espiões israelenses e advogados abusivos, alguns dos melhores do mundo, infiltraram-se em minha vida. Essas pessoas do mal me acossaram em muitas oportunidades enquanto eu seguia ressuscitando os fantasmas que têm tomado meu tempo na Terra. Só posso dizer que foi extremamente estressante, um ato de extremo equilíbrio que exigiu muita estratégia de minha parte. Não tive escolha. A justiça seria feita.

E foi. Estou imensuravelmente orgulhosa por ter participado desse ajuste cataclísmico global e da derrubada de monstros. Acredito muito que a vitória para uma de nós é uma vitória para todas nós.

NOTA DA AUTORA

Há alguns anos percebi que a sociedade precisava ser melhorada para ouvir "a história", por isso passei a ser a oposição. Decidi combater abertamente a máquina, os fabricantes de lendas, os próprios *gaslighters*, os homens sagrados de Hollywood. Durante muito tempo eles permaneceram no topo, se safando de seus comportamentos criminosos. Quis tornar isso impossível de ignorar. E então as eleições americanas vieram, tornando o sexismo ainda mais difícil de negar — abrindo caminho para que a verdade óbvia fosse revelada para aqueles que por tanto tempo tinham feito vista grossa.

No início de 2017, eu estava escrevendo *CORAGEM* havia alguns meses quando entrei em contato com dois jornalistas investigativos. Estava na hora. A história teve muitas reviravoltas enquanto tudo se revelava, e me orgulho por ter ajudado a dar início à discussão mundial.

Desde que eu e tantas outras sobreviventes corajosas começamos a falar, gigantes de todas as indústrias caíram. Nós, sobreviventes, ganhamos poder. Nós, sobreviventes, estamos usando nossa voz como nunca antes. Não podemos abrandar e, por mais difícil que seja, devemos continuar a falar ainda mais alto, a seguir com ainda mais força. Todas contam. Todas importam.

À liberdade, sua e minha.

Agora, vamos cuspir fogo.

RM

PREFÁCIO

— Você rompeu com alguém?

Na hora, a pergunta me deixou irritada. Achei uma pergunta sexista, estereotipada, desanimadora. Não tinha fim de relacionamento que me deixasse tão carente de liberdade que fizesse eu me alterar. Quanto mais me perguntavam sobre o rompimento, mais eu pensava sobre minhas motivações. Percebi que eu *tinha* rompido com alguém. Rompi com você. O você coletivo, o você social. Rompi com o ideal de Hollywood, aquele do qual eu havia participado. A versão ideal de "mulher" que é vendida por toda atriz em todos os comerciais de produtos para cabelo que dizem: "Este é o segredo para ser atraente, o segredo para fazer um homem desejar você." Cabelo comprido, brilhante e no estilo Kardashian que pede: "Me coma, garotão." Como se fôssemos apenas aquilo e pudéssemos apenas ser aquilo. Cabelo. Rompi com o cabelo. E foi um rompimento que levou anos — demorei muito para sair de minha letargia inculcada. Meu cabelo comprido sempre me deixou desconfortável. Fazia os homens olharem para mim enquanto meu eu verdadeiro desaparecia. Eu o usava para cobrir meu rosto, para me retirar, para dormir. E dormi mesmo. A verdadeira Rose dormia enquanto a Rose falsa levava uma bizarra vida alternativa, interpretando o papel de alguém que interpretava papéis.

Tive cabelo curto durante a maior parte da vida. Eu preferia assim. As estrelas de filmes clássicos e as punks a quem eu admirava tinham cabelo curto. Eu gostava muito de ser um indivíduo. Gostava de não parecer nem mulher nem homem, de transitar entre um e outro. Os dois momentos em que tive cabelo comprido foram os mais difíceis da minha vida, nos quais mais me distanciei de mim mesma — meus anos de adolescência, quando sofri de um distúrbio alimentar horroroso e, mais tarde, quando sofri de um distúrbio mental chamado Hollywood. O distúrbio de Hollywood durou muito mais tempo, mas os dois tiveram a ver com minha ausência de mim mesma. Os dois foram guiados pela máquina de propaganda número 1 da sociedade: Hollywood. Me diziam que eu precisava ter cabelo comprido, caso contrário, os homens que contratavam em Hollywood não iam querer me comer, e se eles não quisessem me comer, não me contratariam. Ouvi isso da minha agente, uma mulher, o que é trágico em muitos níveis. Tão, tão cruel e tão, tão triste. Cruel porque recebi essa informação de uma mulher mais velha que era a porta-voz do que Hollywood quer. Triste porque ela estava certa. Essa mensagem é passada para todas as mulheres e para todas as garotas, dizendo que devemos ter cabelo comprido para que a gente também seja sensual, mas recebi a mensagem de forma direta, como uma ligação de telemarketing informando o que "o homem" quer.

Bem, foda-se Hollywood. Foda-se a mensagem. Foda-se a propaganda. Foda-se o estereótipo.

Se você for a Jennifer Lawrence, o estilo queridinha da América, tem cabelo loiro simples. Se for megera, seu cabelo é comprido, escuro e armado. Essas são as regras, não se desvie delas. Meu cabelo comprido era bonito, como o cabelo de participante de concurso de beleza. Meus cabeleireiros eram homens gays e eu era a Barbie deles; pelo menos, era o que eles diziam. Eu não me achava parecida com a Barbie. Eu me achava mais parecida com uma boneca inflável, daquelas com um buraco no lugar da boca. A máquina de Hollywood tinha me transformado no maior brinquedo sexual já visto. Todos os homens e as mulheres contratados para que eu parecesse essa tal boneca inflável fizeram um bom trabalho, porém eu estava morrendo por dentro e sentia vergonha da minha aparência. Mas eu não sabia como mudar o que estava errado tendo tantas coisas erradas na minha vida.

Conheço muitas mulheres e meninas que me dizem que seus cabelos são uma capa de proteção e que elas se escondem atrás deles. Eu não somente me identifico, como também acho isso devastador. Claro que você deve ter cabelo comprido se é isso que VOCÊ quer, mas analise suas motivações. Qual é o papel da sociedade quando você determina a sua aparência? Qual é o papel da imprensa quando você decide como deve ser? E se estiver se escondendo atrás do seu cabelo, por que quer viver uma vida assim? E do que você está se escondendo?

Quando raspei a cabeça foi um grito de guerra, só que mais do que isso, consegui responder à pergunta que eu detestava tanto.

Eu rompi com alguém?

Sim, rompi com o mundo.

E você também pode.

Meu nome é Rose McGowan e eu tenho CORAGEM.

APRESENTAÇÃO

Era uma vez uma atriz famosa chamada Frances Farmer. Ela odiava tudo em sua vida artificial. Queria ser livre. Frances tentou escapar da fama e do ambiente tóxico de Hollywood, um mundo dominado por homens, mas o estúdio a aprisionou. Levaram Frances a uma instituição para doentes mentais. Eles a prenderam. Não havia nada de errado com sua mente, ela só não queria ser famosa. Ela gritava, implorando por sua vida. Mas, em vez disso, eles a prenderam. Eles a deitaram, a amarraram e lhe deram choques na cabeça. Choque. Choque. Choque. Sem parar. As forças masculinas de Hollywood queriam que Frances fosse uma menininha submissa, e que assim permanecesse. O que eles deixaram que restasse dela foi uma concha vazia, a sombra de uma mulher. Frances nunca mais foi Frances. E tudo isso porque ela não queria ser vendida como entretenimento.

APRESENTAÇÃO

Pouquíssimos símbolos sexuais escapam de Hollywood com a mente intacta, isso quando conseguem sair vivos. As ruas de Hollywood são pavimentadas sobre os corpos das vulneráveis, das prejudicadas, das enganadas e das feridas. Eu sei, quase fui uma delas. Você pode até achar que o que acontece em Hollywood não a afeta, mas é aí que você se engana. Minhas queridas, quem vocês acham que está fazendo a curadoria da sua realidade? Quem está mostrando a vocês quem e o que desejam ser?

Quero ter uma conversa franca sobre uma doença interior que vejo poucos, ou ninguém, abordando: como e por que Hollywood cria um espelho problemático da porra para você ficar se olhando. Como a gente se vê através dos nossos próprios olhos, mas talvez não de nossa própria mente. Hollywood afeta sua vida de maneiras que você nem sabe.

No passado, quando eu era vendida como um produto, fiz parte da lavagem cerebral. Eu adentrava sua mente de forma profissional. Eu era o cigarro que os anunciantes diziam que você precisava. Também estive do outro lado do espelho. Observando você. Estudando você. Representando você. Todos nós em Hollywood, na imprensa e na publicidade fazemos isso. E sabe de uma coisa? Somos muito bons nisso. Aprendemos o melhor modo de nos apresentarmos. De nos vender. De implantar o que "nós" queremos em seu cérebro, em seus pensamentos, em sua carteira. E funciona. A você é vendida uma realidade falsa pelo preço irrisório de um ingresso para o cinema.

Os homens que achavam que eram meus donos acham que são seu dono. Eles são os mais velhos numa longa linhagem de promotores de mitos, desde os homens por trás da Bíblia até os "criadores de conteúdo" de hoje. Eles são, em sua maioria, autoexaltadores egomaníacos abusadores de poder. E nunca foram tão perigosos. Poucos em Hollywood, e nenhuma atriz, até onde me lembro, se rebelaram. Hollywood atua como a máfia quando se trata de proteger os seus. Principalmente se "os seus" forem homens ricos e brancos. Pronto, falei. Mas eis a questão: tudo isso é verdade. Eu não inventei a realidade, ela simplesmente é assim. Se quiser ouvir algo novo, o céu é azul.

Ao contar parte da minha história, pretendo lançar uma luz sobre o que acontece. Para aqueles que acham que Hollywood é uma piada de mau gosto... não é. É um negócio muito sério que lucra sem parar. Você pode achar que é algo simples como separar um dinheiro suado para ir ao cinema à noite ou pagar a TV a cabo para se divertir. Estou aqui para dizer que o preço que você está pagando é muito mais alto do que acha. Está pagando com sua mente, com seu comportamento, com seus padrões. Coisas que não deveriam ter preço. Em uma sociedade ditada pelo o que vemos na TV, a verdade é que o que você tem assistido e consumido desde quando nasceu formou quem você é e continua formando. Mesmo aqueles que decidiram não entrar nessa falsa realidade precisam ficar atentos para se manterem livres das mentiras e das mensagens que fazem muito mais mal do que deveriam. Porque elas são traiçoeiras, e estão em todos os cantos.

Minha vida, como você vai ler, me levou de um culto perigoso a outro, o maior culto de todos: Hollywood. E digo isso porque, com exceção da bomba nuclear, nada tem alcance mais amplo do que Hollywood. *CORAGEM* é a história de como lutei para sair desses cultos e retomei minha vida. Quero ajudar você a fazer a mesma coisa.

Você pode dizer "chega".

Você pode dizer "sim" para ser mais livre.

Você pode se libertar da armadilha que foi armada para você. E acredite, ela foi armada, sim.

Estou escrevendo este livro porque quero ter uma conversa séria com o público e, principalmente, com você. Me sinto honrada por saber que minhas palavras entrarão na sua consciência, que minhas ideias ficarão na sua cabeça. Levo essa responsabilidade muito a sério.

Se quiser chamar o que estou fazendo de serviço de utilidade pública, você está certa.

Hollywood é uma cidade suja que usa truques ainda mais sujos.

Não vou fazer escândalo.

Só vou contar como as coisas são.

PARTE UM

FILHA DE DEUS

O problema das seitas é que eu as vejo em todas as partes.

Se você ama muito as Kardashian, você está numa seita. Se assiste ao seu programa de TV favorito e entra na internet e em salas de bate-papo onde todos são obcecados pelo mesmo programa e repassam os episódios em detalhes, você está numa seita. Se passa tempo demais rolando páginas e absorvendo as notícias de uma única fonte, principalmente se for justa e equilibrada, você está numa seita. Você está vivendo a sua vida por meio de outras pessoas. Se vota em tal e tal pessoas cegamente, você está numa seita. Se está muito envolvida na máquina de propaganda do seu país, está numa seita. Olhe ao redor e veja onde as seitas estão, porque elas estão em todos os lugares. Em todos os lugares existem ideias e mentalidades de grupos: você está numa seita, você está numa seita, você está numa seita.

CORAGEM

O primeiro passo para se desprogramar de uma seita é perceber que você *está* nela. E digo isso com propriedade, escapei de duas das seitas mais icônicas que já existiram.

Para aqueles que me conheceram como atriz, devo informar que nunca fui aquela pessoa. Eu estava interpretando o papel de alguém que interpretava papéis. Eu estava presa por ideais rígidos da sociedade e por expectativas de gênero impostas a mim por pessoas que não deveriam poder chegar perto de mim (nem de você). Eu passei por uma lavagem cerebral muuuuuuito fodida. Numa fase anterior da minha vida, eu cheguei a rejeitar essa lavagem cerebral, só que, mais tarde, a Seita do Pensamento Hollywoodiano me pegou.

Minha vida mudou irrevogavelmente no dia em que me tornei um pixel, sorri para um satélite em órbita e fui refletida, invadindo salas, quartos, vidas. Meu trabalho era distraí-la das suas dificuldades por um tempo, fazer com que sentisse empatia, fazer com que sentisse o que quer que fosse. Eu levava meu trabalho a sério. Mas, como na maioria das seitas, por ser mulher, eu era considerada um objeto. Era vendida para o deleite do público. Homens (e mulheres), profundamente programados, ganhavam dinheiro vendendo meus seios, minha pele, meu cabelo, minhas emoções, minha saúde, meu eu. Eu não era levada a sério nem respeitada. Nem por grande parte da sociedade, tampouco pela seita de Hollywood com seu complexo de Madonna/Puta amplamente industrializado.

Imagine se o seu valor para a empresa na qual trabalha fosse medido pela quantidade de sêmen que você pode extrair de massas anônimas de homens. Porque, você sabe, se homens desconhecidos se masturbam vendo seus filmes, você deve ter algum valor. Parece coisa de escrava do sexo, não é? Não é muito diferente disso.

Imagine se todas as palavras que saíssem de sua boca por quase dezessete anos, dia após dia, mês após mês, ângulo após ângulo, *take* após *take* fossem algo que um homem de mente limitada escreveu para que você dissesse. É metalinguístico e é profundamente anormal.

Demorei muito tempo para entender que estava em outra seita, porque estava ocupada demais sendo outras pessoas, não eu mesma. Ao contar a história da minha vida, eu a estou retomando.

Mas vamos começar do começo, está bem?

Reza a lenda que em um celeiro de pedra na cidadezinha interiorana de Certaldo, na Itália, num parto feito por uma parteira cega, eu vim ao mundo. Há um ditado americano assim: "Não toque nesse assunto! Você nasceu em um celeiro?" Acho que nunca preciso evitar qualquer assunto se não quiser. Tenho esse direito. Acho que, às vezes, nascemos esquisitos, e acho que sou uma dessas pessoas.

O celeiro ficava na propriedade do duque de Zoagli, conhecido como duque Emanuele, que, ao se unir aos Meninos de Deus, doou sua propriedade e sua terra à comunidade. Sua irmã, Rosa Arianna, morava na propriedade, mas detestava todos os membros da Meninos de Deus que viviam ali. Meus pais me batizaram com o nome dela, Rosa Arianna, e acho que foi para que ela gostasse deles. Não deu certo.

Tudo era incrivelmente lindo ali, nos montes verdejantes perto de Florença, com os ciprestes verde-escuros e as oliveiras verde-prateadas, vinhedos e pomares, com aqueles enormes vasos antigos de terracota com gerânios vermelhos. Acho que se for para fazer parte de uma seita, aquele lugar servia.

Que nada. Era mesmo um lugar acima do comum e, mesmo tão nova, eu via a beleza e sabia que aquilo era absurdamente extraordinário. Eu me conectava à natureza para escapar da realidade na qual tinha nascido. Por causa disso, sempre fui ligada em formas, cores e padrões de luzes, e sempre fui obcecada pelo interior italiano, mas de um jeito bom.

Uma das minhas lembranças mais antigas é ouvir falarem muito de um homem assustador chamado "Moses" David Berg, o líder destemido da Meninos de Deus. Ele enviava suas mensagens em pedaços de papelão chamados "Cartas do Mo". O que Moses David escrevia era feito. Sempre que chegava uma carta era como se o rei do universo tivesse se pronunciado (meio como são as coisas com um diretor de estúdio em Hollywood). E acho que, por se sentir um profeta, Moses David acabou se tornando o Rei das Bizarrices. Mas os outros ainda não sabiam disso. Alguns nunca ficariam sabendo.

Eu me lembro de muitas pernas peludas, de homens e de mulheres, como nos desenhos animados, quando vemos apenas pernas de adultos da nossa perspectiva infantil. Me lembro de muita cantoria, rezas, aplausos e estalar de dedos. Sim, estalar de dedos. As pessoas me diziam que eu tinha que ficar sentada no chão o dia todo aprendendo a estalar os dedos, caso contrário Deus não me ensinaria a dirigir quando eu fizesse dezesseis anos. Eu não sabia nada sobre ter dezesseis anos e dirigir, mas mesmo naquela época já sabia que estalar os dedos para conseguir qualquer coisa era absurdo.

Certa noite, uma mulher de aparência fantasmagórica, de roupão branco, entrou na sala em que eu estava. Ela parecia uma sombra segurando uma vela — não havia eletricidade. Estava caindo um temporal e me lembro da janela de madeira batendo contra o vidro. Eu estava preocupada, temendo que o vidro fosse quebrar, mas acabei distraída pela mulher de branco sentada a meus pés. O vento assoviava entrando pelas frestas entre as pedras e eu não conseguia ouvi-la direito. O vento parou, ela olhou bem para mim e perguntou:

— Você deixou Deus entrar em seu coração?

Eu me sentei, olhei para ela, pensei na pergunta com cuidado e balancei a cabeça, negando.

A mulher belisca meu pé e torce minha pele. Não vou gritar porque sei o que ela quer. Para essa recusa, havia castigo. Castigo físico, tapas e socos, porque "é de pequenino que se torce o pepino". Ela belisca com mais força. Eu mordo o lábio para não chorar. Olho para ela, de modo desafiador e em silêncio.

A mulher diz de novo, dessa vez em alemão:

Hast du Gott in dein Herz gelassen?

Eu penso a respeito e digo:

— Não, hoje não. Quem sabe amanhã.

Ela me dá um tapa na cara. Com força.

Mesmo tão nova, imaginava que, se deixasse Deus entrar em meu coração, seria o Deus deles que entraria. Não seria mais o meu Deus, a quem eu protegia muito. E o Deus deles era cruel. O que eles pregavam não fazia sentido para mim, as atitudes não combinavam com as palavras. Aquela não era uma realidade na qual eu queria existir.

Mais tarde, minha irmã mais nova, Daisy, pediu para que eu dissesse sim, que seria mais fácil para mim, mas continuei sendo castigada. Eu era, como meu nome já indicava, muito espinhosa, enquanto minha irmã era uma menininha doce de cabelo loiro. Eu olhava para ela e me perguntava como tinha ficado daquele jeito e por que não via o que estava acontecendo. Foi estranho crescer atrás daqueles muros e ouvir que eu não pertencia ao mundo real, mas eu também sabia que não pertencia àquele mundo.

Quando aquela mulher ou outra ou um homem, todos desconhecidos, voltaram na noite seguinte e na noite depois daquela, eu sempre tinha a mesma resposta:

— Não, ainda não deixei Deus entrar em meu coração.

Tapa.

Certa noite, consegui ouvir os sussurros em alemão da mulher e seus passos silenciosos no chão. Eu sabia que seria ferida de novo.

— Não.

Tapa.

Quando ela se foi, vi que deixou a Bíblia no meu colchonete — todas as crianças dormiam em colchonetes finos de plástico cor de laranja ou azuis. Escondi a Bíblia dela atrás de um armário. A cada dia, eu rasgava uma folha nova, enfiava um pedaço na boca, mastigava, colocava mais e cuspia, transformando o papel em bolinhas gosmentas. Depois, eu pegava as bolinhas de Bíblia e as moldava em pequenos animais. Eu os escondia atrás do armário e os visitava de vez em quando, sempre que conseguia. Eles eram meus brinquedos, metade saliva, metade Jesus.

Eu achava que se ingerisse o Deus deles literalmente, talvez pudesse responder: *Sim, deixei ele entrar.* Talvez eles parassem de me punir.

Os tapas e empurrões reforçavam a mensagem de que não era permitido ser imperfeito. Quando eu tinha quatro anos, tive uma verruga no polegar. Estava andando por um corredor comprido quando uma das portas se abriu. Lembro de ver a luz e as partículas de pó voando. Um homem de cabelo loiro despenteado me pegou no colo, olhou para a minha mão e disse:

— Perfeição em todas as coisas. — Ele ergueu um canivete e cortou minha mão com um único movimento, dando uma piscadela ao me colocar no chão de novo. — Perfeição em todas as coisas — repetiu, antes de fechar a porta e me deixar no corredor.

Não chorei, estava assustada demais. O sangue jorrava pela minha mão e pingava pelo assoalho. O vermelho que escorria pelos dedos era estranhamente bonito. Assim como a minha mão, eu estava anestesiada. Sabia que não deveria reagir porque, primeiro, era algo que eles esperavam de mim e, segundo, pensei que talvez houvesse algo de importante naquela coisa de perfeição. Continuei andando.

O ataque no corredor foi o que deu início a uma narrativa que fodeu com minha cabeça durante anos, a da perfeição como autoproteção. Eu dizia a mim mesma que ficaria bem se fosse perfeita o bastante. Se fosse perfeita o bastante, ficaria em paz e ninguém desejaria me machucar.

A partir daquele momento, me esforcei para ser o mais perfeita possível, porque não sabia o que aconteceria comigo se não fosse. Morria de medo de ter algum tipo de anomalia. Tinha certeza que qualquer tipo de falha significaria fracasso. Mas, primeiro, tive que descobrir quais eram minhas falhas. Então, comecei a criar o hábito de ser extremamente dura comigo mesma, de me ver de fora para dentro. Comecei a olhar para minhas mãos e para meus pés todos os dias para ter certeza de que não havia protuberâncias crescendo neles. Pelo que me lembro, não havia espelhos na seita. Quando, mais tarde, cheguei em uma cultura extremamente focada na aparência — os Estados Unidos, depois Hollywood —, isso causou uma fenda no meu ser.

O mais engraçado era que quase em oposição direta à mensagem sobre perfeição que a seita nos enviava, meu pai pregava para mim e para meus irmãos que não deveríamos, sob nenhuma circunstância, desenvolver um ego. Nosso foco deveria ser o desenvolvimento interno, de nossas almas e de nossos intelectos. Acho que era para sermos perfeitos fisicamente, mas continuar humildes diante de nossa perfeição... Nunca soube ao certo. Só sabia que não deveria pensar coisas boas a meu respeito. Que Deus me puniria se eu me achasse incrível.

Nunca, na infância, ouvi alguém me dizer que eu era inteligente, esperta ou bonita. Não sei como é ouvir isso. Nunca me disseram que eu poderia fazer o que quisesse. Diziam que eu não valia nada aos olhos de Deus. Diziam que eu seria uma prostituta. Diziam que eu era suja. E eu sabia que eles estavam errados, mas as palavras machucavam mesmo assim.

Desde muito cedo, lembro de ficar furiosa porque ninguém me ouvia só porque eu era criança. Era muitíssimo injusto. Eu detestava ser pequena e impotente. Olhava para as pessoas na Meninos de Deus e pensava: *Todas essas coisas que estão falando, eu poderia resolver em dois passos simples se vocês, adultos, ouvissem o que estou dizendo.* Mas ninguém me escutava. Porque eu era uma menina. Isso estabeleceu um padrão em minha vida. Eu era dissidente por nascença — não só pelo prazer de ser contra algo, mas se você vê as coisas como são, se identifica a fonte de um problema e a solução, por que não solucioná-lo? Mas ninguém ouvia o que eu dizia. Simplesmente me excluíam da conversa. Não foi muito diferente mais tarde, em Hollywood. Afinal, eu era só uma menina.

Meus únicos amigos durante meu tempo na Meninos de Deus foram meu irmão mais velho, Nat; meu carneiro de estimação, Agnello; e um velho fazendeiro de cabelo grisalho chamado Fernando Fedorento. Fernando Fedorento não gostava de tomar banho. O fedor dele era tão forte que era quase palpável. Eu tinha que respirar pela boca quando ele estava por perto. Um dia, eu o ouvi gritando. Meu pai e alguns dos outros membros o seguraram pelos braços e pelos tornozelos e o jogaram dentro de um rio. Para surpresa de Fernando Fedorento, sua pele não descolou.

Fernando Fedorento levava Nat e eu a um celeiro velho, onde nos mostrava revistas *Playboy* desbotadas e nos dava Kit Kats murchos. Uma delícia. Eu não entendia as mulheres das revistas. Elas não tinham pernas peludas. Era confuso. Mas eu adorava os Kit Kats murchos. Amava doces muito mais do que amava o Deus deles.

Eu dava mamadeira ao meu amigo, o pequeno carneiro Agnello, e ajudava a cuidar dele. Meu primeiro animal de estimação. Certa noite, à mesa comprida do jantar, comi uma garfada, e uma mulher magra com rosto malvado e cabelo dividido ao meio começou a rir. Outros riram junto e, em pouco tempo, todo mundo estava rindo. Eu não entendi o que era tão engraçado, e eles me contaram que estavam servindo Agnello. Então, percebi que meu animal de estimação era o meu jantar. Fiquei paralisada enquanto todo mundo na mesa ria. Controlei as lágrimas e senti um muro de frieza se erguer em meu coração em relação àquelas pessoas, algo se cristalizando numa pedra de ódio puro enquanto olhava para a cara de monstro delas. Todos ali eram cruéis e gostavam de desestabilizar os membros mais jovens. Eles eram amantes de Cristo, não eram? Nunca mais comi cordeiro.

Comecei a sentir raiva. Raiva das injustiças que se acumulavam. Raiva das regras que pareciam, e eram, tão arbitrárias. Decidi que o melhor a fazer era purgar. E assim, um dia, meu irmão mais velho decidiu atear fogo em um estábulo. Ele também estava com raiva. Eu não queria perder aquilo de jeito nenhum, então corri atrás dele para ajudar. Estávamos no celeiro quando meu irmão pegou uma caixa de fósforos. Começou a acendê-los e a jogá-los no feno do chão de pedra. *Uuush*. O fogo subiu pelas paredes até o teto. O telhado era de sapê e começou a despencar em cima de nós. Tentei apagar o fogo com meus pés, mas era muito pequena e já era tarde demais. Pisei e pisei mais, mas em vão. Se eu soubesse dizer *porra*, certamente teria dito. O telhado despencou um pouco mais e estava esquentando muito. Eu sabia que teríamos um problema enorme se saíssemos e fôssemos pegos pelos adultos. Mas tudo estava em chamas.

Decidimos fugir.

Nessa parte, eu deveria contar alguma história horrorosa de castigo por ter ateado fogo ao celeiro, mas realmente não me lembro. Lembro do terror de ser flagrada. Parecia que minha pele estava prestes a cair de medo. A cena deste filme seria:

Um menino loiro travesso e uma garotinha levada estão se escondendo do pai. De repente, quatro mãos os agarram pela gola da camisa e os arrastam. Entrando em um labirinto, as crianças passam por uma série de membros da seita com olhares malvados. Os membros arrastam as crianças até o Juiz Maior. O Juiz Maior está no trono feito de madeira. Há jovens nuas, de seios fartos e traseiros arredondados, de joelhos, olhando com adoração e reverência para o líder enérgico e perigoso. O líder inclina a cabeça para trás, seus olhos fechados. Ele está sendo adorado. Ele está em um paraíso na terra. As mulheres passam óleos e loçoes na pele dele, usando toques leves para a massagem, murmurando cânticos. O líder, o Juiz Maior, abre os olhos e aponta para as crianças. A humilhação começa.

Parece até um filme de Hollywood, não é? Talvez não seja tão diferente. Na verdade, minha vida como atriz começou ali, na seita. Tínhamos que sair em grupos para cantar em orfanatos e hospitais da região, ou íamos para a rua. Cantar músicas de Jesus por toda Roma com um chapéu na minha frente, como artistas de rua. Depois que as moedas eram colocadas dentro do chapéu, uma mão passava por cima do meu ombro para pegar tudo o que eu tinha recebido. Eles me deixavam carregar o chapéu vazio. Uau, obrigada. Eu odiava abrir mão de um dinheiro pelo qual eu havia trabalhado. Odiava e achava injusto. Via famílias normais passeando com seus filhos, tomando sorvetes e comendo doces, e ficava tentando imaginar a vida deles em casa. Eles tinham cama? Tínhamos colchonetes de plástico e eu sentia frio à noite. As meninas usavam vestidos bonitos; eu tinha um macacão marrom desbotado e sandálias de peregrina. Minhas mãos e meus pés ficavam sujos e eu tentava escondê-los quando outras crianças mais limpas olhavam para mim. Ficávamos ali cantando aquelas malditas músicas por horas, sob o sol quente ou na chuva, não importava. Eu tinha mais ou menos cinco anos. Minhas perninhas ficavam muito doloridas pelo tempo passado em pé, mas eu sabia que não podia me sentar, senão teria problemas.

Tínhamos que voltar com dinheiro, caso contrário haveria castigos e punições para a nossa família. Eu sentia o estresse dos adultos quando os "Systemites" (como eles chamavam as pessoas de fora da seita) ignoravam a nós e aos panfletos que estávamos vendendo. Pouco dinheiro era sinônimo de pouca comida. Não surpreendentemente, a gente passava fome com frequência. Nossa comida era controlada. Se voltássemos com dinheiro insuficiente, a comida era dada a outra família como punição. Se novos membros ou a imprensa viessem nos visitar, colocavam as crianças numa dieta de arroz branco, leite e açúcar para engordá-las. Comíamos até ficarmos entupidos, mas eu adorava porque pelo menos tinha algo para me encher. Além disso, era açúcar, que eu amava.

Às vezes, a imprensa local era convidada para ver nossos feitos: "Venham ver o grande trabalho que estamos fazendo na comunidade Meninos de Deus." Viu? Não somos um monte de hippies loucos, que maluco conseguiria cantar uma música de Jesus tão bem?

Eu era mandada a hospitais para entreter crianças doentes. Me lembro de pensar: *Criança, se este for seu último dia na Terra, sinto muito por estarmos forçando você a me ouvir cantando sobre Jesus. Eu também não queria estar aqui. Me desculpe.*

Mas, apesar de ser estranho me apresentar em hospitais — e isso pode parecer esquisito —, eu sempre soube que seria famosa, antes mesmo de entender o que era a fama. Era meio como uma conclusão antecipada. Não sei explicar.

Em algum momento da minha infância, me lembro de terem me levado para ver um filme. E isso teve um grande impacto em mim. Não sei qual era o nome. Era italiano. A protagonista tinha cabelo curto e escuro, e era enfermeira. Usava um uniforme branco engomado e um chapeuzinho. Aparecia em uma cabine telefônica, chorando e gritando com seu amante, um médico casado, que a estava deixando de lado. Com as costas da mão, ela borrou o batom todo, espalhando-o pelo rosto. Abriu a camisa com tudo, estourando os botões. Com o peito exposto, pegou o batom da bolsa e rabiscou os seios como uma maluca. Fiquei encantada. Foi incrível. Queria o batom e o cabelo dela. Finalmente consegui vislumbrar o que era o glamour e soube que aquilo era para mim. A sensação que eu tinha de estar na vida errada aumentou.

Certo dia, meu pai encontrou uma Brownie, uma câmera vintage, por isso as fotos que existem de minha infância parecem superantigas e, em sua maioria, são em preto e branco. Eu observava meu pai registrando objetos e pessoas com a câmera. Depois, pude brincar com ela. Aprendi a ver as coisas com enquadramento. Através daquelas lentes ruins, eu sentia que podia ver mais e tudo o que eu olhava contava uma história. Logo, quase sempre eu estava fora de mim, observando, filmando e documentando o que estava acontecendo, fazendo anotações de tudo: cheiros, sons, gostos, situações, pessoas. Só agora consigo ver que aquilo era uma dissociação precoce para lidar com o trauma. Olhar através de uma lente tem sido um mecanismo de defesa que tenho utilizado ao longo da minha vida. Mas isso trouxe algo de bom: minha paixão pela fotografia e pelas câmeras. E, mais do que isso, me deu um modo de colocar algo entre mim e o mundo, e uma maneira diferente de olhar para ele. Cada detalhe de acordo com o que vejo através de uma lente. Porque nada de mal vai acontecer se eu não existir, certo?

Eu também usava os livros como fuga. As palavras eram meu consolo e minha salvação quando eu era pequena, e continuam sendo até hoje. Palavras, vidas diferentes, séculos diferentes, era assim que eu sobrevivia.

Os livros também melhoraram meu treinamento para ser atriz porque eu assumia a *persona* sobre a qual eu estava lendo. Podia ser uma empregada, podia ser uma rainha. Eu imitava o modo de se portar, tudo sobre aquele personagem, enquanto lia sua história. Quando terminava um livro, ficava de luto por aquele personagem, pois era como a morte. Eu levava os livros muito a sério. Mas não os da Meninos de Deus. Não conseguia entender como alguém era capaz de acreditar neles. Aquelas Cartas de Mo eram... bem, idiotas. É muito difícil de entender como muitos caíam naquela conversa.

Enquanto isso, as crenças e práticas da Meninos de Deus começaram a ficar cada vez mais perigosas. Moses David, nosso líder, fazia as jovens praticarem algo chamado "pesca da paquera". Ele as mandava para a rua — e elas eram praticamente meninas ainda — para seduzir homens em bares ou cafés. Os homens acordavam na seita. Moses David batizava as meninas de "Prostitutas de Jesus". Prostitutas de Jesus? Vá se foder, Moses David, seu merda. Vá se foder por toda a dor que causou. No fim das contas, tudo girava ao redor do domínio masculino e do uso do sexo como arma para controle da mente. Mulheres lindas eram os maiores alvos, nada diferente do que eu veria mais tarde em Hollywood. E, como em Hollywood, havia mulheres que ajudavam Moses David a fazer coisas ruins para os outros.

A seita era um ambiente altamente sexualizado, dirigido por homens para beneficiar homens. Meu pai adorava, eu sabia. Me lembro de ficar num canto, observando meu pai pregar, enquanto ele permanecia sentado em uma cadeira de vime que parecia um trono. As mulheres — garotas — ficavam de joelhos olhando para ele com cara de sonhadoras. Elas literalmente adoravam ficar aos pés dele. Me lembro de olhar para elas de joelhos. E para meu pai em seu trono. *Nunca serei como essas mulheres*, eu pensava. *Nunca*. Aquilo me enojava. Em retrospecto, foi a época na vida de meu pai em que ele esteve mais radiante. O abuso de poder era inevitável, e ele com certeza abusava da sua posição.

Um dia, meu pai disse para minha mãe, que era muito jovem:

— Saffron [o nome de minha mãe na seita], quero me casar com aquela mulher também.

Que inferno. Deve ter sido terrível. Muitas vezes quis voltar no tempo e acabar com meu pai, e essa é uma delas. A mãe da coitada da minha mãe, Sharon, havia acabado de morrer de modo trágico. O pai de minha mãe também tinha morrido. Ela estava sozinha em uma seita, em outro país, com um monte de filhos que teve que ter e ainda tinha que aguentar aquilo? Deve ter sido horrível. Ela não teve escolha e ele se casou com a outra. Foi assim que meus quatro irmãos menores — dois dos mesmos pais e dois só de pai — nasceram com uma diferença de idade tão pequena.

A Meninos de Deus, em seguida, começou a defender o sexo entre adultos e crianças como uma maneira de "viver a lei do amor", o que é mais do que nojento: é criminoso. Vi uma menina de onze anos ser forçada a se sentar ao lado de um homem nu, com o pênis murcho. Eles a obrigaram a se sentar entre as pernas dele para que ele pudesse "massagear" as costas dela. Eu vi as lágrimas da menina. Mesmo naquela época, eu sabia que nada daquilo era "normal", independentemente do que fosse normal. Não acho que exista algo "normal", mas sabia que aquilo era profundamente errado, algo a ser evitado a qualquer custo.

Sinto pena daquela criança pequena que fui, que desde os três ou quatro anos já sabia tanto sobre sobrevivência. Eu não sabia como era a sensação de estar segura. Em vez disso havia estresse e, por baixo de tudo, uma corrente forte de medo tomando conta da comunidade. Desde muito cedo, percebi que as crianças ficavam muito embaixo na lista de coisas com as quais os adultos quase deviam se preocupar, o que é péssimo quando você é a criança no final de uma longa lista.

Uma necessidade triste naquele ambiente era conseguir perceber imediatamente o perigo. Eu me tornei excelente nisso. Uma das minhas habilidades de sobrevivência era, ao entrar em uma sala, localizar uma arma. Eu observava o ambiente sem demora para ver o que poderia usar para causar mais ferimentos em alguém e me defender de um ataque. Minha mente rápida e meu raciocínio certeiro têm me salvado desde sempre, tanto quanto minha luta. Sempre me deixei guiar pela impulsividade e minha intuição é excelente. Uma pena eu não ter aplicado as mesmas habilidades em Hollywood. Teria me livrado de muito sofrimento. Poderia ter me salvado de um drama inenarrável.

Em todo caso, minha perspicácia e resiliência me ajudaram muito na infância. Felizmente, eu era pequena o suficiente para escapar de abusos sexuais, ou talvez minha tendência a sempre ter cabelo bem curto e usar as roupas herdadas de meu irmão tenha ajudado a me salvar. Era comum as pessoas me confundirem com um menino. Apesar de os meninos sofrerem abusos também na Meninos de Deus. Porra, talvez eu fosse muito encrenqueira.

Teria sido uma questão de tempo, mas, para a nossa sorte, meu pai estabeleceu a pedofilia como limite e fez planos, em segredo, para irmos embora. Mas não podíamos simplesmente anunciar que estávamos de saída e partir. Quando a seita descobria que alguns membros queriam sair, um de seus filhos podia desaparecer ou alguma família poderia ser severamente castigada para servir de exemplo aos outros.

E assim, certa noite, meu pai nos contou que havia um homem chamado Bepo e que ele estava atrás de nós com um martelo. Havia um carro à nossa espera, entramos e partimos.

Primeiro, fugimos para um lugar chamado Munano, uma cidade pequena na região da Toscana. Morávamos em uma casa de pedra de centenas de anos na qual fervíamos água e tomávamos banho em uma banheira redonda de metal enferrujado. Éramos crianças desgrenhadas, usávamos roupas *hippies* de segunda mão. Eu estava acostumada a conviver com muitas crianças, por isso era estranho dividir um quarto só com outras quatro, estar com poucas pessoas, mesmo que fossem minha família de verdade, e não "A Família".

Meu pai tinha deixado a Meninos de Deus fisicamente, mesmo que não mentalmente, levando sua outra esposa, Esther. Quanto à minha mãe, só sei que ela foi abandonada. Havia tantas mulheres na seita que eu não tinha uma visão clara da minha mãe como indivíduo. Era só mais um nível de instabilidade, que seria um padrão em toda minha vida.

Estando naquela cidadezinha medieval, fui para a minha primeira escola pública. Foi muito confuso. Na seita, vestíamos o que servisse da pilha de roupas de segunda mão, e eu, na maior parte do tempo, usava as roupas do meu irmão. Agora, tinha que usar um avental cor-de-rosa com botões. Eu preferia o avental azul e perguntei por que não podia optar por esse. Perguntei à professora qual era a lógica, e ela me disse que, por ser menina, tinha que vestir cor-de-rosa. Só os meninos vestiam azul. Achei aquilo a maior besteira que ouvi. Fiquei furiosa por ser diferente do meu irmão por um motivo tão arbitrário. Não entendia por que tinha que usar roupas cor-de-rosa. Ainda não entendo.

Tínhamos uma vizinha, uma senhora chamada Antonella, que fazia calcinhas de lã amarela para mim, tão desconfortáveis na realidade quanto na imaginação. Eram grossas e volumosas e precisavam ser amarradas para ficarem no lugar. Era e ainda sou muito alérgica à lã. As calcinhas me deram tanta coceira em meu primeiro dia a caminho da escola Systemite que as tirei e deixei atrás de um arbusto. Fui para o parquinho no primeiro recreio na escola. Foi estressante para mim porque eu não sabia o que as crianças faziam na escola normal. Não sabia o que os sinais significavam nem quais eram as regras. Naquele dia, as meninas do parquinho estavam brincando de um tipo de "passa anel": *Amore*, *Tesoro*, *Salsiccia*, *Pomodoro*! Depois de dizer "pomodoro", todas caíam de costas e levantavam as pernas. Vi uma menina se aproximar para me chamar para brincar. Pensei no fato de estar sem roupa de baixo e fiquei tensa, puxando meu avental cor-de-rosa idiota ainda mais para baixo. A menina se aproximou e me pediu para me unir às outras. Fiquei muda. Balancei a cabeça sem parar de um lado o outro, e fiquei rígida encostada na parede do pátio. Puxei meu avental ainda mais para baixo para o caso de ela pensar em me arrastar para brincar. A menina olhou para mim como se eu fosse doida. Continuei calada. Foi minha primeira interação com uma criança que não era da seita e por não saber o que dizer, fiquei muda.

Fui imediatamente deixada de lado por ela e pelas outras meninas, e rotulada de esnobe. Enfim... Aquele passou a ser o tom pelo resto dos meus anos escolares e, na verdade, da minha vida no futuro. Sabiam que eu era diferente. Eu sabia que era diferente. Nem melhor, nem pior, apenas diferente. Não era uma sensação que eu tinha, era só um fato. Não me integrava bem. Não me identificava com as crianças. Elas falavam um idioma que eu não conhecia e não conseguia falar. Tinham preocupações na vida que eu não entendia; meus problemas estavam relacionados com sobrevivência. Quando coisas importantes e sombrias nos acontecem, demoramos muito mais para nos importar com o resto. Parecia que eu tinha oito mil anos e estava no corpo de uma pessoa pequena, basicamente um alienígena entre aqueles que entendiam conceitos tradicionais da sociedade.

No caminho para a escola, eu enterrava insetos. Gostava de vê-los em perigo. Chegava na escola com os olhos inchados de chorar nos enterros que eu mesma fazia. Tenho certeza de que tamanha intensidade fazia de mim uma criança irritante. Sei disso porque basicamente continuo a mesma e costumo irritar as pessoas até hoje. Eu via além das aparências, das teias de aranha atrás das quais as pessoas costumam se esconder para poderem contar a si mesmas histórias de si mesmas. Isso deixava meu pai, mais do que todo mundo, muito desconfortável. Como eu disse, ele pode ter deixado a Meninos de Deus, mas a necessidade de ser um semideus pregador nunca o deixou e, de repente, ele se tornou um líder de seita sem seguidores. Esperava que as mulheres e crianças de seu convívio o adorassem, e eu nunca adorei. Ter alguém por perto sempre te olhando e apontando as mentiras que você estabeleceu para viver deve ser perturbador.

Além disso, em uma reviravolta irônica depois de tudo o que ele me fez passar, meu pai me deu um sermão a respeito da importância de eu ser *mais* criança. Será que ele não percebia que era ele que me impedia de ser criança? Quando o ônus da sobrevivência recai sobre uma criança, isso estraga a capacidade que ela tem de simplesmente ir brincar como fazem as outras. Aquilo era tudo culpa do meu pai.

Analisando minha vida, consigo entender por que meu pai viveu de um jeito diferente — foi uma reação ao modo com que foi criado. Isso, e uma mente única. O pai dele, meu avô James Robert McGowan, era um patriota norte-americano, um homem da marinha. Ele era complicado, alcoólatra e durão. Meu avô Jim tinha cinco filhos com menos de oito anos quando partiu para a guerra da Coreia. Sua esposa, Nora, uma beldade mentalmente frágil de Quebec, Canadá, teve que criar os filhos sozinha enquanto ele estava em combate. Quando minha avó Nora descobriu que meu avô Jim tinha uma amante coreana, seus acessos ocasionais da doença mental se tornaram difíceis de controlar. Pelo menos, foi o que meu pai me contou. Ela foi internada no hospital psiquiátrico da marinha e recebeu terapia de choques elétricos contra sua vontade. Era o início desse tipo de tratamento, e minha avó foi uma cobaia.

Durante esse tempo, o caos reinou na casa em que meu pai cresceu. Ele e seus irmãos se revezavam para usar o único par de sapatos que tinham. Só a criança que estivesse de sapatos podia ir para a escola e fazer uma refeição quente. Meu coração dói ao pensar que eles falsificavam bilhetes assinados por um "pai", escritos com letra de criança, pedindo pão ao dono da venda, prometendo pagar depois. Certa noite, um bando de homens invadiu a casa quando eles estavam sozinhos e saqueou tudo. As crianças se esconderam na geladeira.

Gostaria de dizer que não consigo imaginar o medo deles, mas não seria verdade. Eu me identifico com a instabilidade, com a fome, com a doença mental e com o fracasso. Todos amigos de longa data meus e da minha família.

Mais tarde, eu entenderia que meu pai provavelmente era maníaco-depressivo. O lado maníaco era o lado mágico, o lado alegre, engraçado, maluco, rindo ao volante de carro enquanto serpenteávamos pelas estradas da montanha. O lado depressivo era o lado monstruoso, violento. Quanto mais pesada sua vida se tornava, mais o lado sombrio ganhava espaço. No início dos anos 1970, em Venice, Califórnia, ele começou a usar heroína. Acho que foi nessa época que conheceu os membros da Meninos de Deus e se livrou do vício, e então sua nova droga se tornou Jesus. Ele era como um astro do rock e Jesus se tornou o instrumento que ele tocava.

Se tivesse procurado ajuda mais cedo, sem dúvida isso teria salvado meu relacionamento com ele, e o relacionamento dele com seus irmãos e irmãs, seu relacionamento com a arte, com o mundo, com as mulheres, provavelmente com tudo. Quanto à minha mãe – com sua pele de porcelana, seu cabelo comprido e loiro-avermelhado, seus olhos azuis –, ela era um imã para os homens errados. Fugiu de casa aos quinze anos. Aos dezoito, conheceu meu pai, Daniel. Aos dezenove, estava grávida e em uma seita.

Enquanto minha mãe estava grávida de mim, a mãe dela, Sharon, morreu aos 37 anos ao escorregar da montanha Three Sisters, no Oregon. E me diziam que era por isso que eu sempre seria triste, porque minha mãe foi triste durante a gravidez. Durante anos, achei que minha grande tristeza interior se devesse a isso, só mais tarde percebi que tinha mais a ver com a química do cérebro.

Sharon, com o lindo cabelo ruivo e os olhos verdes, também havia se casado jovem com o homem errado. Esqueci o nome do meu avô, o marido dela. Acho que poderia descobrir, mas, para ser sincera, não me importa. Pelo tempo que eles passaram sendo como eram, uma capa prejudicial de silêncio cobriu toda a intransigência. Os últimos suspiros da era Kennedy e as exigências dominantes da civilidade feminina e da perfeição, a seu modo, me fascinam desde sempre. A raiva reprimida deve ter sido uma constante para as mulheres daquele tempo, sem saber que em poucos anos, tudo mudaria. Não consigo nem imaginar quanta raiva teria reprimido naquela época, se nos tempos atuais já reprimo uma quantidade imensa desse sentimento.

Minha mãe me impressiona muito. Sinceramente, acho que ela é uma das pessoas mais inteligentes que já vi. Sua mente funciona numa rotação muito rápida, se o seu cérebro fosse uma Ferrari. Ela foi, e continua sendo, uma bela mulher, e era alvo de interesse. Talvez isso, além de uma mente ágil, tenha sido minha herança.

Mas sou grata por muitas outras coisas que herdei de minha família. Um espírito rebelde e questionador. Atitude rápida e cruel, curiosidade, amor por História e, acima de tudo, amor pelas palavras. Uma das grandes coisas que meus pais me deram é essa capacidade de ver arte em tudo. Eu sonho em ter tetracromacia, que faz uma pessoa ver mais de um milhão de cores. Vejo formas e padrões em tudo. Sempre me surpreendo que pessoas que crescem em um ambiente mais tradicional às vezes não parecem capazes de ver, de *realmente enxergar*, as coisas ao redor que são pura arte. Para mim, é isso o que cria a experiência da vida. Também é algo que me ajudou a sobreviver.

Apesar de todas as falhas de minha infância, me considero sortuda por ter sido criada com uma sensibilidade europeia. Nosso *background* era a Itália, com toda a sua história, arquitetura e arte. Acho que a Europa e as outras culturas têm um senso de ritmo e tempo diferentes. Acredito que o sistema, principalmente o norte-americano, que é o que conheço melhor agora, é violentamente determinado a oprimir o livre-pensamento e aqueles que ele chama de "outros". Estou aqui para dizer que o que importa são os "outros".

*

As pessoas dizem que sentem muito por eu ter tido a infância que tive. Tudo bem, só respondo que sinto muito pelo modo como elas vivem. Crescer atrás da cerquinha branca proverbial me parece igualmente perigoso e apenas parte de uma seita diferente, a seita do convencional. Conheci algumas pessoas bem problemáticas que cresceram atrás de cercas assim. Pelo menos com a minha família, o que havia de errado estava bem claro. Um dos grandes benefícios de crescer, me mudar muito e continuar a fazer isso era que eu conhecia pessoas que pensavam de modo diferente e, dessa maneira, fui criada vendo o mundo de outra perspectiva. Sou grata por isso, no mínimo.

Também herdei a coisa mais forte da minha família: um desejo forte de me destruir. A fênix que se ergueu porque a vida se tornou cinzas. Minha vida virou cinzas muitas vezes, até perdi a conta. Mas, merda, todas aquelas cinzas formaram um monstro.

Sei que não estou sozinha nessa história. Muitas de nós têm essa habilidade fantástica de se erguer porque não temos escolha. É algo que me fascina no espírito humano. Acho que essa ascensão é a coisa mais corajosa que podemos fazer, e que as pessoas não valorizam isso como deveriam. Quantas vezes nos disseram que não seríamos nada? Mas isso nunca foi verdade: somos como fênix e nos erguemos. Só precisamos de um pouco de coragem para transformar nossa vida. Um passo por vez, primeiro caminhamos, depois corremos.

Uma das coisas que as pessoas não entendem sobre as seitas é que elas estão por toda parte e se apresentam de muitas formas, não apenas nas figuras de líderes de seitas com cabelo desgrenhado. Claro que foi extremo na Meninos de Deus quando começaram a incentivar o sexo com crianças e a venda de mulheres, tratando-as como mercadorias e propriedade. Mas, pensando bem, essa mentalidade não estava longe do que mais tarde eu veria em Hollywood e no mundo, de modo geral. Na Meninos de Deus, pelo menos, eu sabia do que estava fugindo. As mensagens de Hollywood e da mídia eram muito mais insidiosas.

Tenho recordações da noite em que escapamos da comunidade. Como num filme, as imagens me vem em flashes. Lembro de perguntar ao meu pai onde minha mãe estava. Ele não respondia. Lembro de ter fugido. De ter segurado a mão dele. E das plantas verdes parecidas com milhos com os caules ásperos raspando em meu rosto. Os raios, os trovões e a chuva tomando o céu da noite. Às vezes nos filmes, chove para aumentar o drama. Em nosso caso funcionou exatamente assim. A chuva caía forte.

Então, foi irônico que, depois da Itália, meu pai tenha me mandado para o sempre chuvoso noroeste norte-americano, onde eu moraria.

GAROTA NORTE-AMERICANA

Foi no banheiro do avião a caminho dos Estados Unidos que me lembro de ter me visto em um espelho pela primeira vez. Eu não sabia bem o que estava vendo, porque não tinha apego ao rosto diante de mim. Eu não sabia que, assim que saísse daquele avião, aterrissaria em um mundo de *você não pode fazer isso, você é diferente e você está fodida: tudo isso por ser uma garota.* Foi como um uniforme cor-de-rosa para a mente. O primeiro lugar ao qual fui enviada foi a uma pequena base naval na cidade. Fui de Florença, na Itália, para Gig Harbor, em Washington. Ou, para ser mais sincera, basicamente fui do berço da civilização ocidental para um lugar com caipiras e caminhões com rodas enormes. A América era aterrorizante. Barulhenta. Agitada. Detestei a comida na hora. Detestei ver como as pessoas eram agressivas. Meu irmão e eu fomos morar com nossa "avodrasta", Dorothy, mais uma adulta que eu não conhecia, mas a quem tinha que me apegar. Alta e morena, Dorothy fumava e tinha uma risada bem gutural. E *adorava* os Estados Unidos. Falava muito sobre o país. Passei minha primeira noite aterrorizada pensando no urso que, segundo ela, poderia me comer à noite. A única coisa que sabia cozinhar eram tomates, e eu chorava de saudades da comida da Itália.

Fui levada ao Denny's, uma rede de restaurantes que reúne o pior que a culinária norte-americana tem a oferecer. Eles tinham um cardápio grande com fotos. Fiquei tão animada ao ver espaguete no cardápio que comecei a falar toda animada em italiano e mexer as mãos sem parar. Quando o prato chegou, era uma gororoba gelatinosa. Fiquei olhando para aquilo. Espetei com o garfo e, em vez de ser massa normal, tudo ficou grudado como se fosse uma coisa só. Também havia um lago de água morna embaixo da gororoba de espaguete. Comecei a chorar porque sabia que minha vida nunca mais seria a mesma. Eu havia aterrissado em um mundo de salgadinhos e frituras, e não tinha volta. Merda.

Tudo era diferente. Não só a comida, mas a terra, as árvores, os sons. Chovia o tempo todo naquele novo lugar. Os carros eram muito grandes e muito barulhentos. As pessoas idem. Eu nunca tinha visto casas de madeira. Na Itália, todas as casas eram feitas de pedra. Nunca tinha interagido com americanos. Nunca tinha ouvido música tocando de alto-falantes. Meu irmão e eu nos agarrávamos um ao outro quando anúncios eram feitos no supermercado. Nunca tínhamos visto luzes fluorescentes. Nunca tínhamos visto queijo cor de laranja.

Queridos Estados Unidos, por que seu queijo é cor de laranja? Quem decidiu: "Vamos fazer isso com um tom nada natural de laranja"? É totalmente aleatório. Meu irmão e eu achávamos hilário. Apontávamos e ríamos. Mas *nós* éramos a piada. Estávamos presos ali.

No meu primeiro dia na escola, tive que ficar de pé na frente da sala e iniciar o Juramento à Bandeira. Não sabia o que era o Juramento à Bandeira. Entendia inglês, mas me recusava a falar a língua. Eu ouvi a professora dizer:

— Isso vai tirar a comunista de dentro de você.

Eu me virei para a professora e disse só uma palavra:

— *Fascistas.*

Fascistas. É isso o que os italianos eram durante a guerra, sua idiota, não comunistas.

De fato, parecia que a mensagem de boas-vindas era inconfundível: *Vocês são diferentes. Temos que destruir essa diferença.*

Há uma lenda persistente de que os Estados Unidos glorificam o individualismo, mas acredite, se você for um indivíduo de verdade, será perseguido. As escolas forçam goela abaixo a versão de propaganda do mundo e da História. A versão mentirosa. Quanto você se forma, está entoando em coro: "América, uhul, os homens brancos são número um!" Por quê? Por que os Estados Unidos ocupam o primeiro lugar? Porque se você analisar as estatísticas globais, é provável que os Estados Unidos não sejam número um em nada, talvez apenas em obesidade, em mortes causadas por armas de fogo, no poderio militar e em outra grande exportação: filmes e televisão.

É nesse momento que os reacionários começam a gritar dizendo que, se os outros países são piores, por que não ir morar lá etc., etc. Eu penso: por que esse pensamento mesquinho? Por que devemos continuar a nos sentir superiores só porque outros lugares são piores? Não vejo sentido. Podemos ser melhores pensando diferente. Pensar que nossas diferenças devem ser eliminadas é o jeito ERRADO de abordar as coisas. Pensar que devemos ser padronizados para o conforto de todo mundo, porque Deus proibiu o desconforto, é o jeito ERRADO também. Que se foda esse modo de pensar. Não se curve para fazer os outros se sentirem mais altos.

Quando cheguei na escola, disseram: "Pare de ler o que você está lendo. Em vez disso você deve ler isso aqui, porque você é X. "Pare de fazer o que está fazendo, meninas não podem fazer isso". Os adultos que conheci se dedicavam em sua busca pelo bege. Não todos, mas a maioria. Nossos vizinhos não se interessavam em se diferenciar nem se expandir para um estilo de vida ou ponto de vista alternativo. Eles não queriam saber o que mais poderia existir lá fora, no mundo. Só pensavam em eliminar tudo que era diferente. Eu queria meu pai e sua estranheza. Eu precisava de um antídoto, depressa.

Depois de alguns meses, meu irmão e eu fomos mandados para o Colorado, para ficar novamente com nosso pai. O Colorado é um dos lugares mais lindos do planeta. Morávamos numa cidade chamada Evergreen, em uma casinha de madeira na base de uma majestosa montanha em uma comunidade formada por muitos hippies. Eu adorava o Colorado, apesar de não ser grande fã da comida. Logo depois, minha nova madrasta chegou, e a vida ficou boa. Eu me acostumei melhor vivendo nesse ambiente mais livre do que morando perto da base naval. Aprendi a amar o estado, mesmo sem entender bem o comportamento social de meus colegas de escola. Pelo menos era bem-tratada pelos professores, então foi uma boa mudança.

Nessa época, encontrei um livro sobre projeção astral. A projeção astral é a prática de, basicamente, sair de seu corpo e viajar em espírito. Eu me deitava na cama e me esforçava ao máximo para conseguir. Queria viajar e encontrar minha mãe.

Ela ainda estava na Itália e, sem que eu soubesse, logo viria para os Estados Unidos para um estado chamado Oregon. Posteriormente, soube que meu pai a abandonou e ela teve que se livrar da Meninos de Deus sozinha. Seus únicos parentes vivos eram sua irmã e sua avó Vera. Vera mandou dinheiro para que minha mãe retornasse e a ajudou a recomeçar a vida em uma sociedade tradicional.

Certo dia, disseram que eu iria ao Oregon para ficar com minha mãe. No começo, fiquei animada, mas logo entendi que Oregon não seria bom para mim.

Analisando o passado, devo dizer que minha mãe me impressiona muito: voltou da Itália, criou seis filhos sem dinheiro, sobrevivendo com cupons de desconto do mercado, enquanto meu pai vivia com sua nova esposa. Minha mãe não teve seis filhos porque queria, mas porque a seita a incentivara a tê-los. Para mim, parecia que ela tinha vergonha de sua vida. Ainda hoje, sei que ela não gosta quando falo sobre a seita, mas para mim não é por vergonha — para ela a Meninos de Deus foi só uma aventura alternativa na qual embarcou. Ela não deve se envergonhar de nada e, além disso, tenho certeza de que foi ideia do meu pai.

Quando minha mãe voltou para os Estados Unidos, sua avó a ajudou a conseguir moradia do governo. Eram bem básicas em comparação com a casa mais bonita em que vivi com meu pai, mas me senti extasiada por estar de novo com minha mãe e meus irmãos.

Infelizmente, por ser a filha mais velha, eu tinha tooooodas as responsabilidades. Mesmo tendo só dez anos, eu tive que ser a mãe-assistente. Não é fácil cuidar de um bando de crianças bagunceiras quando se é pequena. Eu não queria ser uma mãe substituta. Não servia para isso porque gosto muito de refletir e fico agitada quando não consigo. Preciso de sossego. Não queria ser a responsável, queria sair para olhar as nuvens. Tenha em mente que minha educação durante a infância não foi das mais convencionais, por assim dizer. Sendo assim eu estava ficando cada vez mais irritada com as circunstâncias da minha vida, com a minha impotência. Sabia que tinha que ajudar minha mãe, e ajudei, mas não fiquei feliz com isso.

No Oregon, aprendi o valor de um dólar. Descobri como é sentir vergonha ao sair da fila de comida grátis na igreja com seu pedaço de queijo cor de laranja. A recepcionista sádica da escola nos chamava pelos alto-falantes para que todo mundo da escola pudesse rir das crianças pobres que tinham que pedir vales para o almoço gratuito. Nunca vou me esquecer do rosto oleoso e sorridente da recepcionista quando ia pegar meus vales. Totalmente classista. Eu me ofendia com aqueles vales para almoço, sem falar da comida nojenta. Como sempre fui empreendedora, vendia os vales e lucrava alguns trocados.

As coisas estavam indo razoavelmente bem no Oregon, e isso significa dizer que eram difíceis. Até que conheci um cara chamado Lawrence. Ele morava na nossa ruae um dia me flagrou passando por baixo de sua cerca para dar pão e água ao seu cachorro. O animal ficava amarrado, acorrentado a uma árvore. A coleira estava tão apertada em seu pescoço que havia vermes ao redor. O cachorro era extremamente maltratado, o que deveria ter me dado indício do caráter de Lawrence. Ele me pegou alimentando o cachorro e me jogou para fora de seu quintal me puxando pelas alças do meu macacão. Caí sentada. No mesmo instante passei a detestá-lo. Duas semanas depois cheguei em casa e encontrei ninguém menos que Lawrence na sala, com sua barriga enorme, fazendo todo mundo recepcioná-lo como se ele fosse o rei do castelo. Entrei pela porta e ele olhou para mim com um sorriso irônico. Congelei. Ele disse:

— Oi, Rose. Pode me chamar de "papai".

Lembro de ter gritado "NÃO!" e corrido para o campo que ficava atrás de nossa casa, e me escondi. Logo depois, ele se mudou para nossa casa com as duas filhas, Autumn e Mary, e seu filho Larry (Junior). Lawrence foi simpático no começo. Mas eu não acreditei naquilo. Sabia como estava o cachorro dele. Sabia o inferno que aquele homem podia causar. Ele era malvado de verdade e sempre enganava minha mãe. Eu tentava alertá-la desesperadamente, mas ela não me ouvia. Apesar de ter escapado da Meninos de Deus e de sua estrutura patriarcal, minha mãe tinha tão enraizada a ideia de que um homem a salvaria que não conseguia ver a verdade. Além disso, provavelmente sentia-se solitária. Minha mãe não tinha nenhuma amiga porque estava sempre muito ocupada com todos os filhos e com o trabalho em tempo integral.

É provável que a primeira vez em que vi algo relacionado a sexo foi quando entrei no quarto do casal. Nem sequer entendia o que estava acontecendo, mas de repente jogaram um sapato em mim. Foi minha introdução ao sexo. Um sapato na cabeça.

No fim, meu novo e assustador pai postiço estava molestando a filha, Mary. Descobrimos anos depois quando ela, corajosamente, o processou. Mas sempre senti que havia algo muito errado, eu intuía. Eu e Mary, que tinha catorze anos na época, éramos forçadas a tomar longos banhos juntas enquanto Lawrence nos observava. Como eu a conhecia havia pouco tempo, aquilo era angustiante para mim. Sabia que havia algo de estranho naquilo e me escondia o máximo que podia. Nós nos retraíamos.

Aparentemente, Lawrence gostava de loiras, e felizmente eu tinha cabelo escuro. Mas eu o via olhando para a minha irmã Daisy. Às vezes, ela atravessava o corredor e eu o via se levantar e segui-la. Eu bloqueava a passagem e o encarava. Bem, meu rosto ficava na altura da barriga dele, já que eu tinha dez anos. Certa vez, cuspi dele, acertando seus lábios em cheio. Ele me surrou e eu deixei. De jeito nenhum eu permitiria que fizesse alguma coisa a Daisy. Uma das conquistas de que mais me orgulho foi a de tê-la protegido.

Embora não pudesse fazer muita coisa para proteger minhas irmãs e meus irmãos naquela época. Fiz o meu melhor. Meu irmão mais novo, Robby, tinha três anos e meio, muito bonitinho. Ele estava andando de triciclo na rua e, por algum motivo, Lawrence se irritou. Lawrence saiu, pegou galhos de roseira cheios de espinhos e surrou meu irmão até suas costas e seu traseiro ficarem em carne viva. Fora da casa, Lawrence fez seu filho e sua filha me segurarem à força para que eu olhasse pela janela enquanto ele agredia meu irmão. Nunca detestei alguém com tanta força.

Lawrence encontrava outras maneiras doentias de me irritar. Sabia que eu detestava a palavra "crioulo" para se referir aos negros, e ele não parava de repeti-la na minha frente até eu atacá-lo, para que tivesse uma desculpa de me surrar com a fivela do cinto. Agora, olho para crianças de dez anos e penso: *Meu Deus, elas são pequenas. Eu era pequena.*

Lawrence ficava ouvindo na linha quando conversávamos semanalmente com meu pai, para ter certeza de que não contaríamos a ele o que estava acontecendo. Também monitorava a caixa de correspondências para que não pudéssemos enviar cartas pedindo socorro. Eu enlouquecia sabendo que aquele ser humano imprestável tinha poder e controle sobre mim. As surras eram uma coisa, mas me silenciar era o que ele mais gostava de fazer e era o motivo pelo qual eu o odiava mais. Certa vez, como castigo, me impediu de falar durante um mês — eu não podia dizer nem uma palavra. Eu me sentia agredida. Desde então minha voz foi calada muitas vezes, mas esse episódio em especial me marcou por ter sido tão literal. Eu não fazia ideia do que tinha feito para ser impedida de falar; me conhecendo, provavelmente foi por responder. Na hora da refeição, eu olhava para a minha mãe do outro lado da mesa, analisando-a com meus olhos, tentando fazer com que interviesse, mas não havia nada a ser feito. Ter voz e ser ouvido é um direito humano básico e essa injúria estabeleceu um tipo de padrão em minha vida.

Depois de um tempo, minha mãe tentou terminar com ele, várias vezes. Ela dizia que estava tudo terminado, que ele havia partido para sempre, e eu me enchia de esperanças, mas então ele voltava. Certa noite, ele chegou de caminhonete com uma arma, ameaçando matar minha mãe. Eu me escondi na traseira da caminhonete e quando a vi correndo, comecei a gritar:

— Ele está vindo da esquerda, está vindo da direita, vá pela direita!

Finalmente, depois disso, ela terminou com ele para sempre. Relacionamentos abusivos são coisa séria e é extremamente difícil escapar deles, mas ela escapou.

Mais tarde, minha mãe descobriu que ele fizera coisas terríveis com todas as outras mulheres com quem estivera antes e depois dela. Driblou a lei todas as vezes em que foi pego, brincando com o sistema. Conseguiu se desvencilhar até das acusações de assédio. Os policiais o adoravam. Ele se safava todas as vezes. Ninguém prestava atenção. Certo dia, Lawrence sequestrou a namorada do filho e a estuprou numa viagem na qual percorreu três estados dentro de sua caminhonete, ameaçando-a com uma arma. Ele foi preso e cumpriu pena na cadeia. Espero que esteja morto. Espero que alguém tenha enfiado uma estaca no coração dele.

Penso em quantas crianças foram abusadas e como é triste que ninguém as ajude. Gerando mais abuso. Não sei onde estão os filhos de Lawrence hoje. Pobre Mary. Espero que aquela pobre garota ainda esteja viva, e que esteja bem. Espero que a vida dela e de seus irmãos não tenha sido totalmente destruída.

Me lembro de pensar, quando era criança: *Como é possível que as mulheres possam ser tão ingênuas? Elas ignoram a realidade do que está acontecendo e acreditam no que querem acreditar.* Acho que as mulheres em geral, e minha mãe com certeza, compram essa ilusão, a ideia de que um homem vai salvá-las. Acho que isso não mudou muito nem para as meninas de hoje. Ainda compramos a mesma ilusão. Tive que desconstruí-la porque mais tarde eu mesma me veria em um relacionamento abusivo.

Precisamos analisar por que tantas mulheres acreditam que um homem irá salvá-la. Certamente não é por provas de salvação. Não vi muitos rapazes em cavalos brancos chegando à casa de mulheres solteiras. Na verdade, tenho visto a maioria das mulheres montarem em seus próprios cavalos. A sociedade dominada por homens nos faz perceber que em último caso somos nós, as mulheres, que salvam. Nós somos o cavalo branco e temos que contar com ninguém além de nós mesmas.

Apesar de eu ter tido essas experiências no passado com homens que eram feras terríveis, de algum modo ainda tinha em mim a certeza de que um homem poderoso apareceria e tornaria minha vida mais fácil. Na verdade, eles normalmente só complicavam as coisas. Apesar de, racionalmente, saber que não era verdade, sempre tive essa sensação dentro de mim de que eu era ruim, e de que os homens eram, de algum modo, superiores. Eu era ruim porque era provocante. Eu era ruim por ser obstinada. Lawrence era um psicopata, provavelmente o primeiro psicopata de verdade que conheci. Eu conheceria outros, mas ele foi o primeiro. E pelo resto da vida existiria uma correlação direta entre meu relacionamento com meu pai e com Lawrence e os homens com quem me relacionei afetivamente.

PENSADORA FUGITIVA

Todo mundo acha que o Oregon é um lugar cheio de hippies que amam a paz. Não as pessoas entre as quais eu vivia. Elas tinham caminhonetes barulhentas, equipadas com pneus grandes e suportes para armas nas janelas de trás. Havia veados mortos pendurados de cabeça para baixo em quase toda garagem, com o sangue pingando dentro de um balde. Nunca, de todos os lugares por onde passei, estive em um lugar mais brutal do que aquele. Sei que outras pessoas tiveram experiências diferentes ali, e fico feliz por elas, mas não foi o meu caso.

Lá, as pessoas reagiram de modo intenso a mim. Faziam questão de dizer que eu era esquisita e odiosa. Me lembro de quando encontrei uma mãe na loja de departamentos Fred Meyer — ela devia ter trinta anos, uma adulta — que afastou a filhinha de mim quando eu sorri, me chamando de estranha e feiosa. A filha começou a chorar. Decidi ver o que ela via. O que em mim era tão feio? Entrei no banheiro e me olhei no espelho. Meus olhos eram normais, meu nariz também. Não conseguia entender o que era. Eu tinha cabelo curto, mas e daí?

Um dia, quando eu tinha onze anos, descendo a rua em Santa Clara, um bairro residencial de Eugene, ouvi um rock bem ruim e o escapamento alto de um carro. Sabia que aquela não era uma boa combinação, e estava certa.

— Estranha! — gritou o cara no carro.

Eu o ignorei e continuei andando. Em seguida, alguma coisa bateu na minha cabeça e fiquei coberta por um líquido marrom. Molhada da cabeça aos pés. O carro partiu depressa. Quando sequei os olhos, vi uma garrafa enorme de Pepsi com a parte de cima cortada de qualquer jeito. E então senti o fedor subindo. A garrafa era usada para acumular os catarros do motorista. Foi como no filme *Carrie, a Estranha*, quando ela fica coberta de sangue, mas eu estava coberta de nicotina e saliva misturadas com um pouco de refrigerante velho. Não chorei, só suspirei e fui para casa me lavar. O cheiro de nicotina e catarro permaneceu comigo por uma semana. Sempre que o vento soprava ao meu redor, eu sentia o cheiro do ódio.

Meu pai ainda morava no Colorado nessa época, e meus pais decidiram que eu voltaria a Evergreen para morar com ele mais uma vez. Nós, os filhos, íamos de um lado a outro com frequência porque não havia acordo formal de guarda. Era uma dicotomia muito estranha. Eu fui do Oregon, onde era sempre vista como horrorosa, feia e estranha, para Evergreen, onde, de repente, tornei-me popular e era considerada bonita. Foi uma mudança estranha. Olhei no espelho de novo e observei os mesmos olhos, meu nariz e minha boca, e tentei entender por que antes, quando eu estava em outro estado, as pessoas jogavam coisas em mim, e ali era adorada e cercada por uma popularidade instantânea. Pensei muito nisso e cheguei à conclusão de que as reações de outros seres humanos não causavam efeito em mim e, por fim, parei de ser afetada por qualquer opinião alheia. Posteriormente, quando a fama veio, essa dedução deve ter salvado minha sanidade.

Enquanto isso, passei por mais um trauma na minha primeira noite de volta à casa do meu pai, quando contei a ele o que tinha acontecido com Lawrence. Ele só me disse:

— Bem, você cometeu um erro, deveria ter me enviado uma carta de sua escola.

Tal ideia nunca tinha me ocorrido. Assim, aquilo pôs fim à conversa e tornou a situação toda, de certo modo, minha culpa.

Os dois lados do meu pai se tornaram mais claros. Seu lado leve ainda era mágico. Ele tornava as coisas divertidas só pelo modo com que reagia ao mundo. Meu pai tinha uma risada que fazia com que parecesse uma hiena maluca e, quando pensávamos que ia parar, continuava, e todo mundo ao redor começava a rir também. Ouço até hoje. Mas naquele momento o lado sombrio estava começando a aparecer com mais frequência. Ele se irritava mais e mais porque as meninas da família estavam crescendo e não o adoravam mais. Entre elas, sua esposa. Ele andava tendo mais acessos de raiva e se tornando cada vez mais cruel. Por fim, tive que voltar ao Oregon.

Alguns anos depois passei a frequentar a Madison Junior High, a escola de que menos gostei em minha trajetória escolar. Na oitava série, fui ao primeiro e único baile de escola da minha vida. Aconteceu em um prédio marrom com iluminação ruim e decoração barata. Eu estava andando pelos cantos, fora da multidão, quando ouvi uma voz grave dizer:

— Oiiii. Quer dar uma alucinada?

O nome dele era Jack Fufrone Jr. e eu o reconheci da aula de educação sexual, onde tínhamos acabado de aprender sobre as trompas de falópio. Ele tinha um *mullet* enrolado e seboso que estranhamente me encantava e um daqueles bigodinhos de cafajeste que os jovens caipiras gostam de cultivar. Estava claro que meu traficante de drogas adolescente tinha repetido alguns anos.

Fufrone Jr. rasgou um pedaço de papel e me mandou colocá-lo embaixo da língua. Eu não fazia ideia do que era ácido, mas estava a fim de aventura. Olhei para ele e peguei o resto do quadrado também. Em pouco tempo, comecei a ouvir a música pulsando além das paredes do salão, e eu ouvia cada barulhinho. Deixei o baile e comecei a andar pela propriedade. As árvores começaram a respirar. Minha mente jovem e leve estava pegando fogo.

Quando o baile terminou, minha amiga Linda me levou para casa e me deixou no gramado da frente, onde caminhei tropeçando muito, com agulhas de pinheiro no cabelo, olhando para as árvores. Minha mãe saiu, me arrastou para dentro e me colocou no sofá. Furiosa, ela começou o interrogatório:

— O que aconteceu? Você está chapada? — Eu nem sabia o que isso significava. — Está bêbada? Está drogada?

Ela não parava de me encher de perguntas e eu estava irritada porque só queria sentir as coisas que estava sentindo e ver o que estava vendo sem aquela interferência grosseira.

Como o ácido tinha me deixado muda, tive que reunir forças para falar. Consegui dizer apenas três palavras:

— Vai... se foder.

Foi como se uma bomba silenciosa tivesse explodido. Eu nunca tinha xingado minha mãe. Grandessíssimo erro.

Naquela época, havia outro homem na história, meu novo padrasto, Steve. Ele era um baita pinguço. Me lembro de ele me dizer que os pernilongos nunca o picavam porque ele tinha sangue ruim. Ele não gostava nem um pouco de nós, os filhos da minha mãe. Percebíamos que ele queria que nós não existíssemos. Mas existíamos, então havia um problema.

Ele não era gentil com meus irmãos mais novos. Violento. Também não gostava de mim, porque eu o enxergava como ele era e sempre tentava alertar minha mãe. Steve reconheceu a oportunidade de se livrar de mim e aproveitou. Começou a dizer que eu era uma viciada, que tinha todos os sinais de uma drogada, porque gostava de usar roupas pretas e escutava The Doors. Uma experiência com o ácido. Uma só. Tenho certeza de que é preciso mais do que isso para se tornar um viciado.

Duas semanas depois, minha mãe me internou em um programa de reabilitação para viciados, onde aos treze anos fui presa sem meus sapatos, para não escapar. Eu disse aos médicos que nunca tinha usado drogas na vida além daquela vez com o LSD, e eles me disseram que eu estava em negação. Tenho que tirar o chapéu para eles: não tive como escapar daquilo. Minha casa no futuro imediato seria o último andar do hospital Sacred Heart, na triste Eugene.

O tempo que passei em reabilitação foi divertido e monótono ao mesmo tempo. Aprendíamos sobre drogas durante cerca de quatro horas por dia: os nomes populares, quanto custavam na rua, onde podiam ser compradas, quais eram seus efeitos. Tudo o que sempre quis saber sobre drogas, mas tinha medo de perguntar, sendo informado diretamente pelas autoridades. Que merda era aquela? Eles queriam fidelizar os clientes?

Eu era, de longe, a pessoa mais jovem ali e logo me tornei o centro das atenções. Certa vez, na sala de jantar, cheirei adoçante em pó para provar que eu tinha coragem e irritar as enfermeiras. Eu nunca tinha cheirado nada, mas tinha visto como era em um dos filmes educativos do hospital. Talvez tenha sido a coisa mais dolorosa que já enfiei no nariz, por isso riram de mim. Posso afirmar que adoçante é químico mesmo. Você não deveria ingeri-lo e, muito menos, cheirá-lo. A sensação foi péssima. Tinha gosto de veneno de rato. Consegui fazer cara de paisagem e me recusei a chorar — que era o que eu queria. Fazer parecer que nada estava acontecendo provavelmente foi a minha melhor atuação até hoje. As enfermeiras ficaram irritadas, mas meus colegas de reabilitação me aplaudiram.

Havia terapia em família uma vez por semana e era uma piada. Todo mundo na família tinha que contar como eles tinham sido afetados pelo fato de você usar drogas. Não funcionou muito bem porque eu só tinha usado ácido uma vez. A maioria de meus irmãos e de minhas irmãs parecia confusa. Minha irmã Daisy me disse para dizer que era viciada, que seria mais fácil para mim. Mais uma vez, se eu admitisse algo que não era verdade, acalmaria aqueles que tinham poder. Se eu admitisse ser uma drogada, me deixariam sair logo. Pensei nisso, mas não. Mais uma vez eu me recusava a me trair para tornar minha vida ou a vida de outras pessoas mais fácil.

Estava furiosa por estar presa naquele lugar e sob um controle tão rígido. O tempo que eu ficaria ali dependia do meu bom comportamento, mas eu me conhecia e sabia que minha atitude não melhoraria. Eu era a criança-problema daquela unidade porque eu era, literalmente, uma criança. Pelo que eu podia ver, meu comportamento nunca melhoraria. A única maneira de sair seria fugindo. E foi o que fiz. Fiz amizade com o servente do andar. Ele não se importou nem um pouco quando passei por ele na escada e até acenei para me despedir.

Fui para a rua e corri. Não foi um feito simples, levando em conta que eu estava usando apenas as meias do hospital com antiderrapantes embaixo.

Percorri alguns quarteirões até chegar a uma cafeteria. Conheci uma garota no banheiro enquanto fazia um *piercing* no meu nariz com uma agulha, como era normal naquele tempo.

Ela me ajudou a empurrar a agulha. Chamava-se Chloe. Na rua, conhecemos pessoas que se tornam nossos melhores amigos instantaneamente. Chloe me apresentou a dois roqueiros punks mais velhos, chamados Sam e Mayonnaise, ratos de rua completos, de quase trinta anos. Um tinha cabelo escuro bem arrepiado, o outro tinha cabelo loiro bem arrepiado. Havia muitos adolescentes largados no centro de Eugene. Eu torcia para aquele não ser meu futuro.

Estava chovendo muito naquela noite e todos nós nos abrigamos na entrada da igreja. Minha cama em minha primeira noite como adolescente desabrigada foi a terra fria e molhada. Foi a lama que me despertou, entrando em minhas orelhas. Minha audição estava distorcida, mas eu conseguia ouvir alguns gritos estridentes que não faziam sentido. Vagamente vi, à luz fraca, que Sam estava em cima de Chloe. Não vi o sr. Mayonnaise. Até hoje, não sei se foi consensual. Espero que tenha sido.

Mais uma vez, acho que não mexiam comigo porque eu parecia um menino. Me lembro de ter me sentido a salvo porque ainda não tinha seios. Saí de lá de fininho, pouco a pouco, e perdi minhas meias pelo caminho. Meus ouvidos doíam muito, e minha visão começara a ficar borrada. Descalça e coberta de lama, a única coisa em que conseguia pensar era em voltar para o hospital, então foi o que fiz. Caí aos prantos aos pés de uma enfermeira, chorando e falando sobre punks e um possível estupro.

Ninguém acreditou em mim. Ninguém me deu atenção. Nunca parei de pensar e de me culpar por causa de Chloe. É algo que me leva a corrigir as injustiças.

Todo mundo ficou muito aliviado ao me ver de volta, mas duas semanas e muitos filmes de educação sobre drogas depois, eu saí de novo. Minha colega de quarto me deu sapatos, um pouco grandes para mim mas melhores do que nada. Consegui fazer com que três outros pacientes abrissem uma porta com alarme para que eu pudesse sair pelo elevador.

Dessa vez, fugi para sempre. Minha vida como fugitiva havia começado.

Ser fugitiva no Oregon é profundamente desagradável. Tem a chuva fria, sempre ela. Jeans molhados colados em minhas pernas, nunca completamente secos. E a fome. Eu estava sempre faminta.

Houve épocas na minha fase de fugitiva em que acordei depois de ter uns blecautes esquisitos. Certa vez, voltei a mim em cima de uma passarela, desperta porque a bolsa em meu ombro e minha mochila tinham se soltado e estavam escorregando estrada abaixo. Houve momentos difíceis em que eu desaparecia de meu corpo. Enquanto meu eu físico tinha que lidar com as repercussões do que estava acontecendo, minha mente estava em outro lugar, longe. Era esse meu método de proteção, sobrevoar, observar tudo acontecendo através das lentes de uma câmera imaginária. Não era diferente dos tipos de transes em que entrei mais tarde enquanto atuava, mas também não eram planejados.

Não tinha contato com minha família nessa época. Estava por aí. Ninguém me procurava. Eu não me ofendia por não estarem procurando, estava sozinha.

É engraçado, na rua você meio que se junta a pessoas como você. Os abandonados, aqueles para quem ninguém liga. Os perdidos. Uma noite, na frente de um mercado Circle K, vi uma mulher fantasmagórica, de cabelo loiro e armado, parecida com com Nancy Spungen. Ela me disse que seu nome era Tina e que era uma *stripper*. Eu tinha visto um filme clássico sobre a estrela burlesca Gypsy Rose Lee, por isso tinha certeza de que sabia como era ser *stripper*. Mas, quando perguntei a Tina se ela podia chacoalhar os peitos para mim, ganhei um olhar inexpressivo. Ela me levou para sua casa, um apartamento pequeno com colchões no chão e gesso barato no teto. Não curto gesso barato no teto, mas abri uma exceção, naquele caso. Gentilmente, Tina disse que eu poderia ficar por um tempo. O Natal se aproximava e, mesmo sabendo que não comeria naquele dia, eu queria um teto sobre a minha cabeça.

Depois de uma semana Tina me disse que eu tinha que arranjar um dinheiro para a conta da calefação. Ai, droga. O que eu poderia fazer? Aha! Decidi que assaltaria a casa da minha mãe. Segui em direção ao sul para Santa Clara, pegando carona de uma cidadezinha à outra. Finalmente, cheguei em casa. Esperei até ter certeza de que não havia ninguém e entrei pela passagem do gato, como tinha feito todas as outras vezes que ficara trancada para fora.

A casa tinha cheiro de Natal. Babacas.

Mexi nos presentes, irracionalmente ofendida por nenhum deles ser para mim. Nos filmes, a mãe com o rosto molhado de lágrimas aparecia no noticiário em rede nacional, pedindo que a filha voltasse. Mas ali não havia qualquer sinal de que eu havia existido. Feliz Natal para mim.

Enfiei os presentes embrulhados em um saco e saí pela passagem do gato. Peguei carona em um Datsun 280Z com um cara que se parecia com Weird Al Yankovic. Ele me deixou na loja de penhores Pawn-N-Such. Joguei charme para que o dono comprasse alguns dos jogos de Nintendo do meu irmão. Consegui 27 dólares, suficiente para a conta de calefação de Tina.

Eu era punk pra caralho. Sempre adorei aventuras, pequenas e enormes, e aquela foi, sem dúvida, uma aventura.

Tina não gostava que eu ficasse em seu apartamento enquanto ela não estava, por isso, à noite, eu ia para a rua. Normalmente, tentava a sorte entrando de penetra em festas gays *underground* nas quais me tornei uma espécie de mascote. Normalmente, eu tomava o pouco ácido que conseguia arranjar e, mais tarde, as balinhas, que eram as drogas mais encontradas na balada. Dançava até ser expulsa. Subia nas caixas e dançava como se fosse uma máquina. Era ali onde podia me libertar. Na pista de dança, eu canalizava o meu medo, o estresse e tudo de ruim. Eu podia me transformar em uma espécie de robô da dança e simplesmente me mexer no ritmo da música. Às vezes, os caras me davam lança-perfume e riam quando eu me jogava no chão.

Ainda preferia roupas masculinas e fazia o que podia para conseguir criar um look à la Charlie Chaplin: calças curtas e um chapéu-coco. Levava a maquiagem muito a sério. Tina me deu um lápis de lábios vermelho da Wet N Wild, um batom "Love That Red", da Revlon, e pó de arroz da Coty, que vinha em uma embalagem redonda e bonita com detalhes dourados, como se não tivesse mudado desde os anos 1950. Eu acabava parecendo, talvez, uma mistura de gueixa com Charlie

Chaplin. Às vezes, fazia uma maquiagem de tabuleiro de damas no rosto todo. Demorava de três a quatro horas para fazer um rosto tomado pelo tabuleiro, o preto com delineador, o branco com uma camada grossa de corretivo. Às vezes, fazia teias de aranha em metade do rosto.

Juro.

Uma vez, decidi usar algumas habilidades de interpretação. Fui à delegacia e disse que tinha fugido de minha casa em Pocatello, Idaho. Não sei por que escolhi Pocatello. Deve ser por sempre ter achado graça no nome. Disse à polícia que minha mãe tinha mudado o número de telefone e que eu não conseguia entrar em contato com ninguém conhecido. Se eles pudessem comprar minha passagem para Pocatello, eu chegaria em casa. Em seguida, caí no choro. Eles não sabiam o que fazer comigo. Os policiais só queriam que eu fosse embora. Compraram uma passagem de ônibus para mim. Muito gentis.

Não havia muito para ver em Pocatello, então, depois de alguns dias, fui até a delegacia de lá, fiz a mesma coisa e eles compraram uma passagem de ônibus para North Bend, Oregon. North Bend é uma cidade litorânea. Me lembro de ter passado meu tempo lá sob o efeito de ácido, sentada em um tronco de madeira, olhando para o mar. A água batia em meu peito, no ápice do inverno, até eu perceber que estava praticamente submersa. O problema do ácido é que às vezes perdemos a noção das coisas, como do nível do mar, por exemplo. Eu estava com muito frio, minha calça jeans estava encharcada. A areia entrou em minha roupa. Demorei cerca de quatro dias para ficar seca, e minhas roupas ficaram duras e faziam barulho por causa da areia.

Depois, usei minhas habilidades de interpretação para ir a Las Vegas porque me lembrava que minha amiga Lara tinha se mudado para lá. Lara estava hospedada com Bjarney, da Noruega, que sempre tentava me embebedar. Depois de cerca de cinco dias, Lara se meteu em uma briga com ele e foi embora da cidade, me deixando sozinha. Ele me fez jogar vinte-e-um, ou *blackyack*, como dizia, já que pronunciava o *j* como *y*. Também escapei dele.

Em pouco tempo, cansei do meu joguinho de chorar para a polícia por passagens de ônibus para atravessar a Costa Oeste, apesar de, no começo, achar tudo uma grande aventura muito adulta. Fazia o que queria, o que me dava na telha. Mas cheguei ao ponto em que não me divertia mais da mesma forma. Passar fome desanima. Passar frio desanima. Esconder o terror e ter coragem o tempo todo exige muita energia. Falo como se tudo tivesse sido uma aventura doida, e de certa maneira foi mesmo. Até fazer frio. Acordei um dia e percebi que era manhã de Natal. Não comia havia dois dias. Estava cansada. No fim dos meus treze anos, fiz uma ligação a cobrar à minha tia Rory, em Seattle. Disse a ela que não aguentava mais. Estava cansada, cansada de estar faminta, de sentir frio. Ela fez a gentileza de me receber — com certeza poderia ter dito não. Mandou uma passagem para mim e em pouco tempo eu estava em Seattle, Washington.

BRUTALIDADE

Minha tia morava em um belo sobrado estilo Craftsman com seu marido, Dean, e o filho recém-nascido, Austin. As únicas pessoas que demonstraram qualquer gentileza comigo durante aquele período de minha vida foram eles, que me acolheram. Dean era um homem honrado de Indiana. Ele era bonito, tinha olhos verdes, sempre a um passo do riso, totalmente apaixonado pela esposa. Dean nunca olhava para mim como se eu fosse uma maluca, nunca me diminuía e sorria com sinceridade. Ninguém mais sorria para mim, mas, para ser sincera, eu também não sorria muito. Eu meio que saí das ruas com uma carranca permanente.

Minha tia Rory, sem dúvida, estava passando por muita coisa naquela época, já que havia acabado de dar à luz. Eu me ressentia muito daquele bebê. Sabia que não deveria, mas não conseguia controlar. Ele tinha tantas coisas materiais e recebia tanta atenção que me fazia ver como eu tinha recebido pouco. Aquele bebê tinha segurança. E isso me deixava muito desconfortável porque eu não sabia o que fazer com o que sentia. Tinha vergonha de sentir inveja de um bebê, mas nunca estive em uma situação em que uma criança recebesse muitos cuidados, atenção e amor. Desejava amor daquele tipo, mas se o tivesse recebido não teria sabido o que fazer com ele.

Minha tia fazia questão de passar desinfetante em tudo o que eu tocava. Era uma humilhação, mais uma a ser acrescentada à longa lista. Para falar a verdade, eu havia saído das ruas com chatos nos pelos pubianos e micose no pescoço, então acho que era boa ideia usar desinfetante. A micose fazia parecer que meu pescoço tinha sido queimado com guimba de cigarro, pois tinha um formato perfeitamente redondo. Os chatos, descobri no vaso sanitário, um dia. Toquei um pontinho marrom em meus pelos pubianos, e ele se mexeu. Tinha patinhas. Puta merda. Quase desmaiei. Quando me levaram ao médico para tratar o pescoço, ele logo contou à minha tia sobre os chatos. Nada de confidencialidade.

Mas se as piores sequelas do meu período nas ruas eram micose e chatos, então não me dei tão mal. Consegui evitar ou vencer os predadores — os *trolls*, como os chamamos nas ruas — e não fui molestada, agredida, estuprada, morta. Me virei muito bem.

Um dia, cerca de um mês depois de eu ter saído das ruas, minha tia me contou que meu pai se mudaria para Seattle. Senti o estômago revirar. No mesmo instante, tive medo. A última vez em que o vira foi quando se mudou para Montreal. Ele andava cada vez mais instável. Eu sabia que a chegada dele seria sinônimo de problemas, e estava certa.

Imaginei que tivesse feito algo de ruim à minha nova madrasta. Por qual outro motivo ele teria partido com nada além de uma camiseta e o material de artes dentro de um carro, atravessando o país como o diabo foge da cruz? Por qual outro motivo ele teria abandonado minhas duas meia irmãs? Eu sabia que ele devia ter feito coisa pesada. À medida que ele se aproximava de Seattle, senti a tempestade chegando.

Meu pai e eu nos mudamos para um apartamento não muito charmoso que ele chamava de Caverna. Ficava no primeiro andar, um lugar muito sombrio com teto baixo, chão de tacos feios e *vibe* ruim. O que deve ter deprimido o meu pai, que antes vivia em casas bonitas. A proprietária do apartamento morava no andar de cima, onde acumulava muitas coisas.

Nosso apartamento era limpo, mas desprovido de qualquer atenção, o que combinava bem com o que acontecia ali dentro. Naquela época, meu pai estava se consumindo na ira sentida pelas mulheres durante toda sua vida, mas passara a ter um foco bem nítido: eu. Ele me atacava, e a todas as mulheres, me chamando de "feminazi". Parecia um esquizofrênico , brigando com alguma entidade não existente sobre mulheres — mas eu existia.

Durante toda a vida, tenho enfrentado a ira dos homens direcionada a mim simplesmente por ser mulher, e tudo começou com meu pai. Por causa de nosso gênero, nascemos inimigos. A justificativa dele para sua raiva, para cada erro, eram as mulheres. Todas as mulheres tinham culpa. Logo, eu tinha culpa. Passei a detestá-lo como ele me detestava. A pior parte era me lembrar do ser mágico que ele era quando eu era pequena. Esse monstro que estava no seu lugar era o pior tipo de traição. Há poucas fotos minhas dessa época, porque meu pai dizia que eu era feia demais para ser fotografada. Depois dos anos no Oregon, me acostumei a ser chamada de feia. Eu revirava os olhos quando ele dizia aquilo, mas ainda assim doía.

Não tínhamos talheres na Caverna, ou pelo menos, eu não tinha. Ele dizia que eu não merecia ter talheres. Então, eu roubava talheres de restaurantes. Não tinha uma cama porque eu não merecia uma. Meu quarto era o *closet*, onde eu dormia em cima de três almofadas quadradas cor-de-rosa de cadeira que havia pegado da casa da minha tia. Naquela época, eu não merecia muita coisa, aparentemente.

Meu pai costumava dizer coisas do tipo: "Não consigo imaginar alguém querendo ser seu amigo" ou "Não consigo imaginar alguém gostando de você". Ele me chamava de puta quase todos os dias a ponto de eu até conseguir terminar suas frases. Eu o imitava verbalmente quando ele falava.

Eu sabia que ele estava errado. Sabia que era absurdo. O problema é que machuca do mesmo jeito. Isso passa pelos seus muros de defesa, por mais altos que sejam. Derruba uma pessoa ouvir esse tipo de coisa, dia após dia, ouvir que ela é inútil ou feia.

Ser uma jovem independente, de gênio forte e espírito livre (para dizer o mínimo), com um pai maníaco-depressivo e misógino era exaustivo (para dizer o mínimo).

Pelo menos eu podia fechar a porta e ficar em paz no escuro. Mas não estava em paz. Nunca sabia quando ele podia chegar em casa, irado com sabe Deus o quê, vociferando, olhos sombrios arregalados que se recusavam a me ver como qualquer coisa que não fosse tudo o que ele detestava — uma representação de todas as mulheres.

Certa noite, a porta foi aberta com tudo. A luz forte me cegou, mas eu sabia que era meu pai. Ele deu um grito e me pegou pelo pescoço. Me arrastou para fora do *closet* e me jogou no chão. Consegui dizer, meio engasgada, que chamaria a polícia. Ele disse: "Vou grampear sua língua no chão." Nunca vou me esquecer do ódio nos olhos dele, mas não era a mim que ele via, estava vendo todas as mulheres. Eu sabia disso, mas não era nada mais fácil.

Uma vez, tentei contar à minha tia o que ele estava fazendo, mas ela ficou irada comigo e disse que ele era o melhor pai que ela conhecia. Aquilo me calou. Eu estava presa a ele e não conseguia ver uma saída. Eu ficava em meu quarto/*closet* escrevendo à luz da lanterna em um bloquinho de folhas amarelas. Escrevia uma coisa, várias vezes, algo que eu chamava de "O monólogo da morte". Era, basicamente, uma relação dos pecados e dos erros de meu pai. Meu plano era parar diante dele, deitado em sua cama, no escuro, e ler tudo em voz alta. Depois de fazer a condenação destruidora e ensaiada, eu o mataria com um batedor de carne. Liso de um lado, cheio de protuberâncias do outro, bem pesado com o cabo de madeira. Eu bateria nele até que morresse.

Ironicamente, o perfeccionismo que tinha sido incutido em mim pela seita à qual ele havia me forçado a participar me salvou de passar a vida na prisão por assassinato, porque eu nunca consegui definir meu monólogo: todos os dias, eu tinha que atualizar a lista de suas babaquices, e nunca a finalizei. Bem, isso e o fato de eu saber naquela época que não valia a pena passar anos presa por causa do meu pai.

Num fim de semana, ele viajou. Pensei que seria uma boa ideia dar uma festa, já que eu não conhecia ninguém em Seattle e queria fazer amigos. Fiz panfletos com o endereço da Caverna e saí distribuindo. Sexta-feira às 21h chegou e, com ela, uma batida à porta. Eu a abri e vi cerca de vinte esquisitos desconhecidos.

Na minha cabeça, acho que estava esperando uma cena de festa meio à la *Bonequinha de luxo*; mas vi jovens de Seattle e uns adultos assustadores. Ah, que merda, eram 21h05 e as coisas já estavam saindo do controle. Eu estava começando a me arrepender da ideia quando a polícia apareceu.

Ferrou. Os policiais entraram, tiraram sarro da cerveja genérica e puseram fim à festa. Decidi fingir que era só convidada com um casual: "Boa noite, senhores." Em seguida, me pegaram pelo pescoço e me pressionaram contra a parede do prédio, e o policial bateu o cassetete em meus joelhos enquanto me segurava pelo cabelo e batia minha cabeça contra a parede de alvenaria. Revirei os olhos e vi a dona do prédio olhando para mim do andar de cima, na varanda. Ela sorria. Que mulher horrorosa. Quem era capaz de fazer aquilo com uma criança? Eu devia medir 1,5m e mal tinha completado 14 anos.

O policial que me bateu parecia ter cinquenta e poucos anos, com um bigode grisalho fino e cabelo escuro, pele branca pálida e olhos azuis malvados. Havia um corte em minha cabeça que começou a sangrar, minha visão ficou borrada. Fui algemada e jogada de qualquer modo no banco traseiro de uma viatura da polícia.

Fui acusada de agredir um policial. No relatório, constava que eu havia me aproximado dele e dado um chute em sua canela. Acho que, além do corte na cabeça, isso me deixou ainda mais brava. Não havia uma mentira melhor? Que porcaria. Eu nunca agrediria um policial chutando sua canela. Eu estava sendo educada.

Quando meu pai voltou da viagem, travamos uma guerra. Claro, eu tinha culpa por ter armado uma festa como faz todo adolescente bobo no mundo, mas de jeito nenhum deveria ter sido agredida por um policial de cinquenta anos. Mas, para o meu pai, eu tinha culpa de tudo e mais um pouco.

Quando chegou o momento da minha condenação, fui colocada diante de seis homens de cara fechada em uma bancada. Tentei me defender, mas não resolveu: todos eles me julgaram culpada. Culpada, culpada, culpada, culpada, culpada, culpada. Eu estava furiosa com o fato de nenhum deles me ouvir, com minha grande impotência. Determinaram que eu trabalharia em uma instituição para doentes mentais. A instituição recebia pessoas de fora, o que era uma situação perigosa para uma menina. Ou eles não sabiam ou não se importavam. Fui tratada como lixo e abandonada. Não era a primeira vez e não seria a última. Mas, se aquela mesma situação tivesse acontecido com alguém mais velho, a pena teria sido pior. Minha cabeça demorou muito a cicatrizar, mas meu espírito não se deixou abater.

Dei início à minha pena reclamando. Na maior parte do tempo, cuidava da reposição, e às vezes eles me faziam limpar os banheiros. Quando eu fazia um intervalo, um homem que morava no apartamento em frente se masturbava com a janela aberta e me encarando, depois passava o sêmen no vidro. Mais tarde, soube que no apartamento dele ficavam muitos pacientes. Mas eles não eram mais nojentos do que os homens supostamente sãos que me seguiam pelas ruas de Seattle.

Me lembro do momento exato, descendo a Tenth Street, quando comecei a chamar atenção dos homens. Ouvia buzinas de carro e homens gritando. Olhava ao redor para ver o que estava acontecendo. Nada. Era só eu. Eu estava acontecendo. Eu era o motivo do barulho. Mas o motivo não era exatamente *eu*, mas meu corpo e meu rosto. Quase da noite para o dia, meus seios cresceram. Eu me sentia envergonhada. Tinha a impressão de que estava chamando atenção só por existir, só por ter aqueles seios.

Chegou ao ponto em que eu não conseguia percorrer um quarteirão que fosse sem homens buzinando, mexendo a língua no meio dos dedos em v. Foi então que uma nova forma de desconexão aconteceu para mim. Eu me desliguei do eu que sempre conheci e me tornei dois eus. Um deles era interno e o outro, externo. Eu tinha sido duplicada.

Eu não gostava da atenção porque fazia com que me sentisse suja. Queria entender o que podia fazer em relação a isso. Fui à Biblioteca Pública de Seattle e pesquisei em livros médicos como fazer a redução de mama. A cirurgia parecia assustadora, algo pelo qual eu não podia pagar.

A outra metade de mim perguntava: *Por que o desejo de um homem toma meu direito à dignidade? O que faz com que certos homens pensem que suas perversões são mais importantes do que o direito que uma mulher tem de existir como ser humano livre na sociedade?* Por fim, entendi que precisava ser como os cavalos que andam com antolhos vendando parcialmente seus olhos. Caso contrário, estaria desperdiçando energia, reconhecendo a presença do agressor. Uma pena tantas mulheres e garotas terem a visão periférica tirada por causa da atenção indesejada. Discordo quando dizem que "homens são assim mesmo". Não. Crie seus filhos para que eles vejam as garotas como seres humanos, não objetos.

Nessa época, consegui meus primeiros empregos, ambos meio clandestinos. O primeiro foi em uma casa funerária. Um amigo meu, punk, morava no sótão do local e disse que eles precisavam de ajuda para organizar os velórios para as famílias dos falecidos e que me pagaria 30 dólares por semana. Eu havia acabado de completar 14 anos e tinha poucas opções de trabalho, então aceitei. Trabalhar na casa funerária logo se tornou o melhor momento da minha semana. Ao contrário do resto da minha vida, era muito tranquilo. Os mortos não podiam me prejudicar. Eu achava tranquilizador. Ficava mais assustada com o fato de não me sentir assustada. Às vezes, as luzes na sala de velório pareciam estar vibrando e tremelicavam. Uma das coisas que mais gostava de fazer era ajeitar os móveis e a iluminação para o conforto da família. Ficava ao lado do caixão aberto antes de a família entrar e fazia meu melhor para sentir a *vibe* do falecido, para ajustar as luzes e a decoração do jeito certo. Acho que foi daí que minha paixão por luzes surgiu. Algumas vezes eu tinha a impressão de que os mortos ressuscitariam e me estrangulariam, mas na maior parte do tempo, sinceramente, era relaxante.

Roubei um conjunto de cartas de Jesus (cartões que a casa funerária distribuía na cerimônia) para presentear meu pai em seu aniversário. Até o fim da vida, ele me perturbou pedindo mais. Eu não consegui admitir que suas ilustrações cristãs preferidas, com detalhes dourados bonitos, tinham sido roubadas e pertenciam aos falecidos.

Analisando o passado, depois de perder pessoas na vida, teria sido bom não ver algumas das coisas que vi na casa funerária: corpos guardados em sacos azuis transparentes, com as pernas cruzadas, ainda com alianças nos dedos, enfiados em prateleiras no freezer. Certa vez, abri a aba da janela do crematório. Não foi uma boa ideia. Será que podemos dizer que aquilo são as *suas* cinzas em uma urna? Talvez, não.

Meu outro emprego foi em um cinema antigo chamado Broadway. Eu também adorava, mas por motivos diferentes. Dois filmes ficaram em cartaz por muito tempo enquanto eu trabalhava lá: *Uma cilada para Roger Rabbit* e *Uma secretária de futuro*. Duas dicotomias, de certo modo. Uma era Jessica Rabbit, conhecida pelo "Não sou ruim, sou só desenhada assim", e a outro era Melanie Griffith como Tess, uma secretária de Nova York que sonha em melhorar de vida e, assim, toma o lugar de sua chefe mandona, interpretada por Sigourney Weaver. Esses dois filmes tiveram forte influência em minha mente jovem. Em casa, a maioria dos filmes que assistíamos eram clássicos, por isso era uma surpresa quando víamos um mais recente. Fui inspirada pela ideia de crescer como no filme *Uma secretária de futuro* e galgar meu espaço em um mundo dominado pelos homens para ir além do que as pessoas me julgavam ser capaz. Com Jessica Rabbit, percebi que além de nossos corpos terem formatos parecidos, eu também amava cantar. Nos dias de matinê, quando havia uma ou duas pessoas no cinema, eu me posicionava na escuridão do corredor, com uma lanterna embaixo do queixo, e cantava: "*you had plenty money 1922, you let other women make a fool of you...*", e então apagava a lanterna e voltava correndo para o caixa. Hoje sei que devo meu amor pelo canto a um desenho.

Normalmente, me deixavam na porta do cinema. O gerente me colocava do lado de fora das portas duplas grandes e me incentivava a perguntar aos homens se eles gostariam de entrar para ver um filme — a própria Lolita do cinema, ali, para atrair os homens. Eu me sentia suja e os homens que entravam me olhavam de cima a baixo como se pudessem fazer isso, já que comprariam um ingresso. Mais tarde, em Hollywood, a sensação foi a mesma.

Fui demitida dos dois empregos em um mês. Da casa funerária porque descobriram minha idade, e do cinema porque eu disse não quando me perguntaram se eu queria participar de um esquema de desvio do dinheiro da bilheteria.

Meu pai me disse que deixaríamos a Caverna e iríamos para uma bela casa ao estilo Craftsman, de 1908, pela qual conseguiu fechar um bom acordo. Logo descobri por que ele tinha conseguido fechar um bom negócio — era a única casa da rua que não era uma fraternidade. Sim, eu, por ser uma garota que tingia o cabelo de preto, usava roupas pretas e que tinha uma expressão bem séria, fui parar no meio da área de fraternidades da Universidade de Washington. Poora, só podiam estar zoando com a minha cara! Mas posso dizer que caminhar até o ponto de ônibus era muito divertido. Era como passar pelo corredor da morte dos trouxas. Os alunos gritavam para mim enquanto eu caminhava, e me chamavam de estranha. E eu pensando *Ah, tá, idiotas, já vi esse filme*. Todo dia de manhã eu virava as caixas acústicas de meu aparelho de som para a janela e colocava a banda Alien Sex Fiend (pense num gato esganiçado berrando ao som de música industrial) em *loop*, o mais alto que podia para irritá-los.

Meu pai e eu éramos arqui-inimigos nessa época. Eu o detestava com todas as forças do meu ser. Queria vê-lo morto em uma casa funerária. Talvez ele tenha desejado que me acontecesse o mesmo. O desequilíbrio dele era diário nessa época. Meu irmão mais velho foi morar conosco, o que não foi bom para meu pai, que era implacavelmente malvado conosco e perdia as estribeiras até mesmo no café da manhã. Era um fluxo constante de humilhações. Meu irmão mais velho é muito engraçado, mas teve muita dificuldade na adolescência e se tornou retraído para lidar com constantes agressões. Assim como ele tinha cabelo loiro e olhos azuis, e os meus eram escuros, nossas personalidades eram opostas. Eu era durona, ele era sensível. A verdade é que eu era sensível também, só tinha que usar uma espécie de armadura invisível para conseguir sobreviver.

Certa noite, meu irmão saiu com meu primo mais novo, Stevie, que morava perto de Seattle. Eles estavam descendo pelo acostamento da estrada quando um motorista bêbado em uma picape perdeu o controle e matou meu primo, lançando--o a três metros de distância. Meu irmão foi obrigado a ver a massa encefálica do coitado espalhada pelo asfalto. Quando meu pai descobriu, disse ao meu irmão que deveria ter sido ele a morrer. Os problemas piscológicos não tratados do meu pai estavam criando vários tipos de problema nessa época. Eu desejava que ele voltasse a ser quem era. Via crianças com seus pais e sentia inveja.

Chegou a época de me matricular na escola, mas eu não tinha os documentos necessários. Encontramos uma escola alternativa chamada Nova que recebia alunos inteligentes ou esquisitos demais para estarem em instituições convencionais. Teria sido um bom lugar para mim, mas todos os alunos eram hippies. Eu odiava hippies. Eles me faziam lembrar do meu passado e me irritavam porque eu os comparava com os hippies da Meninos de Deus. As meninas me davam sermão criticando os produtos químicos do meu batom. Eu reagia tirando o batom, passando mais e jogando beijos. Também gostava de deixar marcas de beijo nas paredes brancas. Sempre entrava em apuros porque era óbvio que era eu quem as deixava.

Meu pai me levou para comprar roupas para a volta às aulas na REI, uma loja de artigos para lazer ao ar livre, como caça a ursos, onde eram vendidas calças cargo e parcas — não era exatamente o lugar onde eu pensaria em comprar roupas. Eu era meio "módica", uma mistura de *mod*, uma gíria para *pessoa moderna dos anos 1960*, e gótica. Criava minissaias de blusas de gola larga pretas da Goodwill, cortando só a parte do pescoço e usando-a por cima de meias-calças pretas, com botas de cadarço Doc Marten que minha tia havia me dado. Eu tinha um gosto esquisito.

Quando conseguia algum dinheiro, gastava com ácido ou anfetamina e saía para dançar em uma boate para pessoas de todas as idades chamada Underground, nas noites de sexta-feira. Adorava aquele lugar, cheio de góticos e esquisitos. Meu tipo de gente. Além de tocarem uma música incrível naquele lugar, eu, doidona, tomava conta da pista de dança, como fazia quando morava nas ruas. Chegava, esticava os braços, afastava as bichas e, basicamente, avisava: "Tô aqui, seus putos, saiam da frente." E ficava dançando como uma máquina até duas da manhã. Normalmente mentia para o meu pai dizendo que passaria a noite na casa de uma amiga, o que criava um problema relacionado ao tempo. Eu não tinha para onde ir depois das duas da madrugada, por isso, entrava no cemitério Lake View, um dos mais antigos de Seattle, e dormia. O cemitério era lindo e Bruce Lee estava enterrado lá. Seu túmulo normalmente ficava coberto com laranjas e moedas de um centavo. Eu me acalmava com o silêncio e a segurança do lugar. Além disso, lances estranhos envolvendo sexo aconteciam nos arbustos no parque ao lado e eu queria ficar longe daquilo. No sábado de manhã eu voltava para casa com os braços cheios de flores que pegava de vários túmulos. Quando meu pai perguntava onde eu tinha conseguido, só dizia que um homem gentil havia me dado na rua. Surpreendentemente, ele acreditava todas as vezes.

Em outras noites eu simplesmente escapava, fazia barulho para mostrar que estava indo dormir no meu *closet* e então saía pela porta da frente quando ouvia o ronco baixo de meu pai. Fazia questão de deixar a porta da casa aberta, para o caso de alguém querer entrar e matá-lo, mas ninguém nunca fez isso, para minha decepção.

Quando meu pai me avisou que eu "devia" 300 dólares por mês para ele de aluguel, morri de medo de me tornar uma sem-teto de novo. A experiência de não ter casa e passar fome é muito traumatizante. Nem sei se alguém consegue imaginar como é isso, a menos que tenha sentido muita, muita fome em algum momento da vida. O tipo de fome de não-dormir-porque-seu-estomago-está-se-devorando-após-três-dias-inteiros-sem-comer. O medo de voltar para as ruas era como uma escuridão me perseguindo. Eu morria de medo de voltar a viver daquele jeito.

Mas de que maneira eu conseguiria arranjar 300 dólares por mês? A resposta me ocorreu quando eu estava matando aula, um dia. Vi um panfleto colado em um poste no qual li que era possível ganhar 35 dólares por dia sendo figurante de filmes. Eu tinha assistido a clássicos do cinema com meu pai, uma das coisas que mesmo durante aquele período ainda conseguíamos fazer juntos. Calculei 35 dólares por dia por sabe-se lá quanto tempo e concluí que conseguiria 300 dólares daquela maneira.

Não era bem o que poderíamos chamar de clássico do cinema: um filme chamado *A guerra dos donos do amanhã*, com Malcolm McDowell e Pam Grier, um filme bobo sobre uma escola do futuro na qual os professores eram ciborgues.

Mas pagavam 35 dólares. Logo me candidatei e consegui a vaga porque eles gostaram da minha aparência. Figurante serve para figurar mesmo, um corpo a mais, um rosto a mais, para aparecer no filme. Eu aparecia nas cenas, totalmente sem propósito, mas como tinha uma aparência bacana, eles me colocavam em várias. Desenharam um coraçãozinho preto em meu rosto rechonchudo porque eu era de uma gangue chamada Black Hearts. Era quase como se eu fosse uma personagem muda.

No set, havia um cara que devia ter uns cinquenta anos. Ele era muito simpático e me fazia lembrar de meu pai mais jovem, por isso eu brincava muito com ele. Sempre achei que os adultos gostavam de mim por eu ser muito diferente das meninas da minha idade e engraçada. Num fim de semana, ele me chamou para caminhar no centro da cidade junto com ele e alguns dos outros figurantes. Aceitei. Tínhamos que encontrá-lo na recepção do hotel. Esperei por muito tempo. Pedi para a recepção telefonar para o quarto e me mandaram subir. Fui esperando encontrar o grupo de outros figurantes, mas não, era só eu. A porta se abriu e ele me puxou contra seu peito. Ah, merda. Sua barba me arranhou enquanto ele enfiava a língua na minha boca. Tudo aconteceu rápido demais. Rapidamente, ele abaixou minha camisa e mexeu em meus seios. Claro, eu me senti suja e envergonhada.

Analisando agora, aquele cara era só mais um pedófilo da indústria, nada diferente de um maníaco da rua, mas eu ainda não sabia. Há muitos como ele. É um segredo bem conhecido na velha Hollywood. Quando acusações são feitas (raramente), o estúdio sempre acerta as coisas com as vítimas e usa seus relações-públicas para desconsiderar as acusações. Normalmente, onde há fumaça, há um incêndio, ainda mais no que diz respeito a Hollywood. Enfiei a experiência em um dos meus muitos compartimentos extras e voltei ao trabalho. Não me ocorreu contar a alguém. Durante anos pensei no incidente como uma experiência sexual e não como agressão. Quando me tornei adulta, percebi que tinha sido uma de fato.

A verdade é que eu não deveria ter me envergonhado, e, no caso de todas as vítimas em situações parecidas, elas não devem se envergonhar. Quem deveria se envergonhar é o doente que nos tocou de modo inadequado. Quem deveria se envergonhar é o assediador, não a vítima, não o sobrevivente. É trágico que tantas de nós tenhamos que sobreviver a esse tipo de merda, e sinto muito se o mesmo aconteceu com você.

Uma coisa boa que aconteceu na minha incursão nos filmes foi conhecer um cara bacana chamado Joshua Miller, um menino de um filme famoso, chamado *Juventude assassina*, com Keanu Reeves. *A guerra dos donos do amanhã* foi seu primeiro filme sem sua mãe-empresária no set de gravação. Ele tinha 13 anos quando eu tinha 14. Eu o corrompi da melhor maneira. Agia de modo muito cosmopolita, e acho que, em comparação a ele, sob muitos aspectos, eu era. Pelo menos no meu jeito maluco e livre de viver. Íamos a um bar muito adulto chamado Pink Door e ficávamos alegrinhos tomando *blue martinis* enquanto assistíamos a uma apresentação de dança. Também fiz com que ele ficasse doido fumando maconha usando uma maçã como cachimbo.

Joshua acabou se tornando um roteirista importante em Hollywood, e ele e seu parceiro de roteiros, Mark Fortin, escreveram *Dawn*, o curta com o qual tive minha estreia como diretora. Construímos uma amizade para a vida toda, meu relacionamento mais longo com outro ser humano que não era da minha família.

Foi graças a Joshua que acabei em Los Angeles. Quando sua mãe me conheceu no set de *A guerra dos donos do amanhã*, ela pensou que eu tinha talento para ser uma estrela e me mandou para Hollywood em um trem Amtrak.

Foi assim que acabei ganhando meu primeiro papel com fala, uma frase em um filme de Pauly Shore, chamado *O homem da Califórnia*. Pois é, isso mesmo. Eu achava que os executivos e o diretor, além de todas as pessoas do estúdio, definitivamente não eram tão bacanas quanto pensavam ser. Fui apresentada a uma senhora, uma agente chamada Beverly, e ela me disse que eu precisava mudar meu nome porque parecia o nome de uma prostituta irlandesa. Eu disse que o nome dela também não era tão lindo assim, e que talvez ela devesse mudá-lo. Eu não tinha problema em responder, mas o comentário sobre o nome ficou em minha cabeça, apesar de eu não concordar. Pensei em mudar meu nome para Rose Mayfair porque estava lendo um dos livros de vampiros de Anne Rice na época e havia um personagem com aquele sobrenome. Felizmente, havia uma rede de supermercados chamada Mayfair na época, e isso me desestimulou. Talvez meu sobrenome não seja o mais lindo, mas sempre gostei de ver Rose McGowan escrito. Na minha opinião, parecia forte.

A agente malvada disse que eu não seria contratada se não fosse emancipada. Disse que muitos jovens eram roubados por seus pais e, apesar de eu não conseguir imaginar que algo daquele tipo pudesse acontecer comigo — acho que eu tinha 25 centavos na época —, achei melhor me proteger.

Assim, o próximo passo lógico em minha vida ilógica foi me divorciar de meus pais, ou seja, me emancipar. Eu tinha 15 anos. Precisava de liberdade assim como precisava de ar.

Fazia poucos meses que estava em Los Angeles. O prédio do Tribunal da Família é onde enxergamos além da rica fachada de Los Angeles. Havia famílias de todos os tipos com filhos entediados correndo pelos corredores, de um lado a outro — mães com cara de medo, alguns pais e eu, a menina que estava representando a si mesma. Achei que seria melhor me vestir como pensei que um adulto se vestiria, o que para mim significava uma meia-calça cor da pele, daquelas que compramos na farmácia com modelos esquisitos de perna de papelão. Tinha certeza de que não queria parecer uma adulta se para isso tivesse que usar meia-calça bege, mas era capaz de aguentar usá-la durante metade do dia se fosse só para impressionar um juiz com minha maturidade. Me lembrei da meia-calça de Melanie Griffith no filme *Uma secretária de futuro* e decidi que aquilo devia ser o que uma mulher adulta vestia. Eu também usaria.

Meu nome foi chamado. Hora do show. Com o coração acelerado e a meia-calça caindo, tentei puxá-la para cima de qualquer modo, mas só consegui rasgá-la. O juiz tinha uma cara séria. Eu me lancei na descrição da minha história. Ele tentou dizer que lugar de criança era em casa. Não na minha casa, respondi. Além disso, só no sentido técnico era possível dizerem que eu já tinha sido "criança".

— Vou contar sobre a minha casa, juiz. Passamos o último ano juntos. Vivíamos em um lugar triste, assustador, sem luz na deprimente cidade de Seattle, Washington. Meu pai era artista. Para ele, viver onde não havia luz deve ter sido terrivelmente difícil para seu cérebro já problemático. Os artistas veem luz de uma maneira diferente; literalmente, eles dependem disso. Talvez seja o problema dele. Talvez seja por isso que ele me odiava.

Mas eu não disse tudo aquilo, apenas deixei a agressão em destaque.

Era uma questão de sobrevivência. Disse que não aguentava mais ser propriedade de um homem. O juiz pigarreou e declarou minha liberdade. Então, eu era teoricamente adulta, mas ainda não tinha idade suficiente para dirigir. Oficialmente eu não era mais da responsabilidade da minha família, o que era irônico, considerando que eles nunca tinham sido responsáveis por mim mesmo. E fui emancipada, o que é mais irônico ainda, se pensarmos em como eu passaria a maioria dos anos seguintes, sendo propriedade de outro homem. Fugi do controle da seita e de meu pai, e caí de cabeça em outro tipo de dominação.

CATIVA

Depois da emancipação, soube que minha mãe havia encontrado trabalho em Los Angeles, que ela estava se divorciando e estava solteira — minha versão preferida dela. Nessa época ela tinha se formado na Universidade do Oregon, Phi Beta Kappa, em letras e jornalismo. Não tínhamos mais relação legal e nos sentíamos semelhantes. Mais amigas do que mãe e filha. Nós nos mudamos para uma casinha ótima, uma casa de madeira branca de 1918, bem no centro da superficial Hollywood. Foi muito divertido.

Me matriculei no segundo ano da internacionalmente famosa Hollywood High, onde estudei no programa para artistas. Gostava daquele lugar porque não havia muita gente ali e os alunos eram todos criativos. Dançarinos, cantores, atores... de todos os tipos. Mas depois de todas as minhas aventuras mais adultas, era estranho voltar para a escola com adolescentes. Eu me sentia bem mais velha, apesar de estar só no décimo ano. Nas aulas de teatro eles estavam se preparando para apresentar uma tragédia grega. Fiz o teste e participei da minha primeira e única peça séria: *Antígona*. Apesar de ser inexperiente, parecia que eu vinha me preparando para aquilo a vida toda. Me lembro de canalizar, vibrar, sair de meu corpo, mas dessa vez por algo bom, uma energia pura passando por mim, e não se evaporando devido ao trauma. Aquela coisa de atuar era intensa e meio divertida.

Depois da apresentação, dois homens me procuraram para dizer que eu os havia feito chorar na cena da morte. Aquilo fez com que eu me sentisse poderosa. Atuar no teatro é muito diferente de filmes, acho que é uma forma mais pura de atuação, sob alguns aspectos. Por Hollywood ser uma cidade de cinema, nunca mais senti aquele poder todo enquanto atuava. Mas, na época e durante muitos anos depois, a ideia de fazer a mesma coisa dia após dia, noite após noite, parecia pesada demais para mim, por isso nunca mais fiz teatro.

Estava feliz de verdade morando com minha mãe. Era um sonho que eu tinha desde a infância, que nós duas morássemos juntas, e que ela percebesse que eu tinha muito mais valor que os homens que entravam em sua vida. Eu me enfurecia por aqueles idiotas sem valor mandarem nela e em mim, só por terem algo entre as pernas. Eu percebia que muitos deles eram vigaristas, agressores, molestadores — como ela não percebia?

Minha mãe não enxergava os jogos feitos pelos homens para que ela se sentisse a sortuda da relação. Como muitas mulheres, ensinaram para ela que conseguir um homem era o objetivo máximo. Quando somos doutrinadas desde muito cedo, quando nos moldam dessa maneira, não aprendemos a ver nosso valor. Não percebemos que nós, durante todo o tempo, merecemos o ouro; ouvimos o tempo todo que temos que nos contentar com a prata.

Só mais tarde, quando tive relacionamentos ruins, comecei a ter mais compaixão pela minha mãe. Na época, compreendi como é fácil ser manipulada e como os homens podem nos diminuir, e nos diminuem, quando estamos em momentos de fraqueza. Nós duas tínhamos aprendido que os homens tinham mais valor do que nós. Os homens eram o ponto fraco da minha mãe; acho que se tornaram o meu também.

Certa noite, fui a um restaurante famoso de Hollywood, o Canter's, e conheci um cara chamado William no estacionamento. Ele devia ter 20 ou 21 anos — sempre gostei de caras mais velhos —, e começamos a sair. Acho que, acima de tudo, eu estava me divertindo. Não sei exatamente o que estava fazendo. Estava só saindo com um cara que gostava de mim e que era bonitinho, e que também era bonzinho, apesar de ser o que eu chamava de "muito Beverly Hills". Menti e disse que tinha 17 anos. Acho que contei a verdade a ele depois de uma semana. Ele não pareceu se abalar. É assustador ver um rapaz de 20 anos com uma garota de 15, mas acho que eu não era o que podemos chamar de adolescente normal. Mas, mesmo que no fundo eu achasse aquilo estranho, levei adiante.

Cerca de seis meses depois de começar a morar com minha mãe, ela conheceu um cara chamado Stewart. Ele era holandês e tinha os dentes meio marrons por fumar cigarros sem filtro. Não era um dos piores. Só um mentiroso patológico, mas ela ainda não sabia disso. Um dia, logo depois de conhecer Stewart, minha mãe me reuniu na sala com William e perguntou:

— William, você gosta da minha filha?

Ele disse:

— Sim, gosto muito.

Me lembro de ter ficado um pouco confusa, sem entender por que ela estava perguntando aquilo. Então, ela disse:

— Vou me mudar com Stewart. Você pode cuidar dela?

Fiquei chocada. Eu conhecia William havia só três semanas.

E foi assim que acabei indo morar em um duplex bonito dos anos 1920, decorado para ficar parecido com um château francês em uma área arborizada de Los Angeles.

William era um mimado, um filhinho da mamãe de Beverly Hills. Tinha estudado na Beverly Hills High, que era muito famosa, muito chique. Ele era um menino rico de Hollywood que se recusava a arranjar um emprego, mas não importava, já que os pais lhe davam tudo. Toda semana ele ia aos contadores do pai, que preenchiam um cheque pelo simples fato de ele existir. Infantilizado pela mãe, financiado pelo pai, ele era o menino rico e mimado por excelência. Eu nutria muito ressentimento e inveja por ele nunca ter lutado por nada na vida, como eu tinha feito. Mas, em retrospecto, era uma armadilha, mesmo que branda.

Eu me deprimia mais e mais. Mas não podia partir para morar com minha mãe e viver com meu pai NÃO era uma opção. Estava presa, por isso tinha que fingir que gostava dele. Às vezes, eu até gostava, só que mais como um colega com quem eu dividia a casa. De fato, éramos duas crianças brincando de ser adultos.

Nessa época, eu tinha largado os estudos na Hollywood High. William me prendia como se eu fosse um pássaro numa gaiola. Estava desesperado para controlar algo, e ali estava eu, uma coisinha novinha que chamava muita atenção. Não tinha carro, e não se pode fazer muita coisa em Los Angeles sem carro. Também não tinha trabalho. Logo, não tinha dinheiro. Roubava um dólar ou outro quando William deixava gorjetas em restaurantes, para não ter que pedir dinheiro para comprar absorvente.

Ele também era muito ciumento, um maluco. Não sei como eu poderia tê-lo traído porque dependia dele para conseguir carona, comida, teto... Mas, mesmo assim, ele perdia o controle se eu olhasse para um garçom, por isso aprendi a interpretar, tentando fazer com que ele ficasse calmo. E é ASSIM que se entra em um relacionamento abusivo: quando começamos a agir de um jeito para não chatear a outra pessoa nem irritá-la. Você começa a abrir mão do controle de sua vida, pouco a pouco, cada vez mais. A coisa vai aumentando até que, um dia, você escondeu tanto de si mesmo que se perde.

Se um homem perde o controle quando ouve falar de um *crush*, de um ex ou qualquer coisa assim, é um mau sinal. Afaste-se. Depressa. A possessividade só piora. Saia dessa sem hesitar.

Eu não saí. Um dia, levantei da cama e William olhou para mim e disse:

— Para.

Eu parei.

— Fica parada.

Eu fiquei.

— Vira.

Eu me virei, tentando entender o que estava acontecendo até que ele perguntou:

— O que são esses triângulos fundos nas suas coxas?

O quê? Fui me olhar no espelho de corpo inteiro e entendi o que ele quis dizer. Ou achei ter entendido. O que aconteceu naquele momento é algo que acontece com muitas garotas: parei de olhar para mim através de meus olhos. Agora, estava me vendo através do olhar doentio de William. De repente, a versão dele sobre as articulações do meu quadril se tornou minha verdade. Estale os dedos. Acontece rápido assim.

Mais uma vez, um homem estava me dizendo que eu era imperfeita. Se naquele momento eu fosse uma mulher madura, teria dito que aquilo era o modo como minhas pernas se uniam ao meu quadril, mas, apesar de levar uma vida adulta, teoricamente ainda era criança. Quando a vida é demais e assustadora, uma menina, muitas vezes, só consegue controlar seu corpo e aquilo que come. Muitas pessoas se enganam pensando que os distúrbios alimentares têm a ver com vaidade. Acredite em mim: não existe vaidade quando começam a surgir mais pelos em seu corpo na tentativa de te proteger da queda de temperatura corporal causada pela fome; não existe vaidade em dedos cobertos de vômito; não existe vaidade quando estamos tão cheias de comida a ponto de não conseguirmos respirar. A anorexia e a bulimia normalmente começam pela perda de peso, mas têm a ver com algo que vai muito além do corpo. Têm a ver com a mente. O medo da imperfeição nessa sociedade fodida se torna uma luta acionada pela obsessão. Assim, fiz o que estava condicionada a fazer em nossa seita que buscava a perfeição. Com todos os filmes que tinha visto, com todas as revistas que tinha lido, eu conhecia os truques e as regras. Estava treinada. Essa é a merda da coisa toda. O condicionamento começa no dia em que nascemos. Ele fica à espera e, quando você está mal, ataca com força.

Minhas pernas deixaram de ser parte de meu corpo de funcionamento perfeito e passaram a ser a parte que eu mais detestava. De repente, eu só conseguia ver os triângulos fundos. Eles tinham que ser controlados! Minhas pernas tinham que ser destruídas! Como era possível que eu não tivesse visto aquelas coisas grotescas?

Comecei a atacar minhas coxas com raiva. William comprou um *step* com o qual eu pudesse me exercitar. Comprei uma fita de ginástica da Cher, passava aquilo sem parar, de quatro a seis horas por dia, sem o som, com Nirvana tocando sem parar enquanto eu subia e descia, o tempo todo. Fiquei obcecada.

William comprava para mim as revistas *Marie Claire*, *Glamour*, *Vogue*, para me inspirar a ser magra. Quando eu estava tentando descobrir um jeito de ser magra, aquelas revistas me ajudaram bastante. Recortei muitas fotos, de qualquer pessoa com pernas superfinas. Eu me sentava no vaso sanitário por causa dos laxantes que estava tomando e recortava fotos de meninas que eram mais magras do que eu. E chorava. E ficava irada. De vez em quando, sussurros tentavam atravessar meus pensamentos. *Você não é assim. Você não se importa com essas coisas. Essa não é sua vida.* Mas era a minha vida. E eu estava presa física e mentalmente.

Cerca de uma vez a cada três dias, eu me permitia comer alguma coisa, normalmente uma panela grande de macarrão.

Nunca consegui pesar menos de 41kg. Por algum motivo, aquele era meu máximo. Por já ter lido sobre garotas que pesavam 38kg, eu me sentia um fracasso.

Eu me sentia exausta o tempo todo. Usava toda a minha energia para fazer exercícios físicos. Mas não podia ter uma imperfeição. Sempre que William começava a me perturbar ou a gritar comigo sabe-se lá por quê, eu adormecia quase instantaneamente, encostando o que queixo no peito. Tornou-se um mecanismo de defesa. Só ficava ativa para fazer exercícios; o resto do tempo, eu tentava me afastar mentalmente. É um distúrbio infinitamente solitário. Ninguém pode nos atingir além de nós mesmos. Se sua vida se se transforma nessas "regras" de perfeição inventadas, você não está mais dentro da *sua* própria mente, só ouve as vozes malvadas de fora. Essas vozes malvadas se internalizam. E essas vozes são ruins. Parecem comentários maldosos de fóruns, mas em sua própria cabeça, o tempo todo. Uma coisa superdivertida, não?

Para lidar com tudo isso, eu me afastei entrando de cabeça no mundo dos exercícios no *step*. Eu interpretava uma vida adulta com o filho de alguém importante em Hollywood. Fiz

16, 17, 18, 19 anos. Quase não falei durante três anos e meio, o que é difícil de acreditar para quem me conhece. Mas estava cansada demais. Era uma jovem presa em uma vida estranha, vazia.

Fui visitar minha família no Natal, em Seattle. Entrei pela porta da frente, percorri a casa e saí pela porta de trás, e fui correr na neve. Eram dez horas da noite, mais ou menos, e corri ao redor do lago, que tem cerca de cinco quilômetros. Meu *step* estava comigo, claro — não saía de casa sem ele! Na verdade, tinha uma teoria maluca que, se não estivesse disfarçado, os ladrões de mala o roubariam para suas esposas acima do peso.

Fiquei tão mal que comecei a ter alucinações. Tentava não me sentar. Tinha certeza de que as pessoas conseguiam ver a gordura escorrendo de mim.

Passar fome me fazia sentir um barato estranho. Me lembro de pensar que pelo menos era superior aos viciados em heroína porque sentia barato de graça. Sim, é assim que devemos ter autoestima elevada, com nossa superioridade em relação aos viciados em heroína. Mas também acho que era minha maneira de sobreviver ao trauma. Eu conseguia passar fome em nome da perfeição como uma forma de autoproteção. Conseguia dizer a William que o amava porque cruzava os dedos nas costas. Eu havia começado a detestá-lo de verdade, mas não dizia nada porque não tinha onde morar.

Felizmente, William e eu não fazíamos sexo com muita frequência. Era como dormir com um meio-irmão, se esse meio-irmão tivesse acessos de raiva e de ciúmes. Era esquisito. Eu detestava. Lágrimas escorriam em meu rosto enquanto ele permanecia em cima de mim, e suas gotas de suor caíam e faziam meus olhos arder. Às vezes, eu me virava para o lado e chorava, mas isso não fazia com que ele parasse. Eu voltava para meu truque de antes, separada do meu corpo, olhando para baixo, como se estivesse acima da cena. Havia decidido interpretar no sexo. Não sabia como era um orgasmo, apesar de as revistas idiotas sempre falarem sobre eles, mas acreditava que, se fingisse bem, poderia fazer o sexo acabar mais rápido.

Aquela era eu, uma imitação da vida.

Durante anos me culpei por viver com William. Eu me culpava como se tivesse sido uma adulta tomando decisões de adulta, mas não passava de uma menina. Uma menina que sentia muito, muito medo de não ter casa de novo.

Analisando o passado, fui entregue a um cara que eu mal conhecia. Apesar de ter sido abandonada e de ter muita raiva, sei que quando se cresce como eu cresci, ficamos carentes de amor, e se o único amor disponível vem de homens que dizem nos desejar, então é isso o que aceitamos. É o caminho certo para o fracasso. É a receita para perder a vida. É algo sobre o qual acho que as pessoas não falam no ciclo de agressão.

Enquanto eu me ocupava eliminando a gordura que não tinha, a mãe de William morreu de repente. Diria que durante três dias, William perdeu as estribeiras. O problema de criar filhos dependentes é que, quando você morre, eles se fodem. E ele se fodeu. Foi muito triste.

Imediatamente nos mudamos para a mansão dela em Bel Air. Nossa união difícil foi por água abaixo nessa época. William não tinha a menor noção de como cuidar de si mesmo sem a mãe. Eu me sentia muito mal por ele. Mas conforme ele foi usando cada vez mais drogas pesadas para neutralizar a dor, mas errático foi se tornando. Em um momento, falava depressa e depois caía no sono por 24 horas. Eu pisava em ovos. A gentileza que às vezes demonstrava comigo, a doçura que às vezes havia em seus olhos, desaparecia quando ele se drogava. Fumava, cheirava, tomava comprimidos, não importava. Começou a desaparecer durante o dia, depois durante a noite, depois por três ou quatro dias de uma vez, e me deixava sem dinheiro e sem comida. Como eu era anoréxica, isso não era problema.

Nessa época eu ainda tinha que lidar com os empregados e os jardineiros, cuidando para que eles fizessem um bom trabalho. Apesar de estar morando em uma casa chique, eles tinham muito mais dinheiro do que eu. Como eu estava ocupada sendo anoréxica, tinha outras coisas para pensar, mas a verdade é que estava em uma mansão de Beverly Hills que tinha se tornado uma prisão. A casa ficava em um cânion, e não havia para onde ir. Eu estava sozinha.

William precisava de mais e mais dinheiro para as drogas — acho que ele tinha começado a misturar cocaína ou anfetamina com crack — e chegava em casa exigindo que eu lhe desse dinheiro, esquecendo que eu não tinha nenhum.

Eu telefonava para o pai dele, um executivo importante, e implorava por dinheiro para sair dali, para ir para outro lugar. Pedi 500 dólares por achar que isso era muito dinheiro. Mas a resposta do pai dele era sempre um sonoro NÃO. Por intermédio de um dos amigos da mãe de William, consegui um trabalhinho fazendo um comercial pequeno para a Allstate, a empresa de seguros, mas não bastou para comprar um apartamento nem nada assim, na verdade. Além disso, quando troquei o cheque por dinheiro, William pegou o dinheiro de onde eu o guardava e gastou com drogas. Enquanto isso, o pai dele lhe deu um Ford Explorer novinho em folha. Porque é isso o que se faz. Recompensar o filho, um baita drogado, com um carro novo. Paternidade em Hollywood.

Então, numa noite, acordei com mãos ao redor de meu pescoço. Gritei e à meia-luz vi que era William apertando meu pescoço. Os olhos dele estavam escuros. Não havia ninguém em casa. Fiz barulho enquanto me engasgava, e isso o tirou de seu transe. Ele deu uns passos para trás e olhou para as mãos. Eu pensei que aquilo só podia ser um filme ridículo no qual havia me enfiado. Ele me empurrou contra o chão e me arrastou pela gola da blusa. Eu gritava todos os palavrões que conhecia. Estava com muito medo de morrer. Ele me puxou para fora, atravessando o quintal, e fui tropeçando enquanto ele continuava me arrastando pelo chão de pedra, arrancando duas unhas dos meus pés. Gritei e ele se assustou, me soltando. A dor foi muito intensa, mas não senti tanto porque estava furiosa. Eu me levantei e tropecei/corri para dentro até a área de serviço. Saí e *crack!*, bati o cabo da vassoura com tudo na cabeça dele. A campainha tocou. William foi atender. Eu ouvi a voz abafada do pai dele com seu sotaque inglês. Com certeza ele me daria dinheiro suficiente para que eu saísse da casa dessa vez. William, segurando a porta entreaberta e comigo chorando ao fundo, dizia ao pai que eu estava chateada com uma amiga. Comecei a gritar. Enquanto William tentava esconder a marca do meu sangue no chão, gritei ao pai dele:

— Por favor, eu só preciso ir embora. Por favor, me ajude a sair daqui!

Mas eles me deixaram ali, sangrando, e foram embora de carro.

Meus pés estavam ardendo e eu sentia as batidas de meu coração na ponta dos dedos.

Sentei no sofá tentando decidir o que fazer.

Não sabia como conseguiria dinheiro para fugir, mas estava na hora. Então, recebi um telefonema de minha irmã de 16 anos, Eve, dizendo que estava fugindo do meu pai e que precisava ficar comigo na Califórnia. Eu sabia que a vida era ruim com meu pai, mas também sabia que era ruim com William. Concluí que a minha situação era a menos pior para a minha irmã. Quando ela me contou que chegaria no dia seguinte ao meio-dia, entrei em pânico. Como eu a buscaria no aeroporto para levá-la para casa, se não tinha dinheiro nenhum?

Decidi que o melhor a fazer era penhorar uma das televisões. Eu, com 41kg, carreguei uma televisão enorme ladeira abaixo e a enfiei em um táxi que chamei para ir à Beverly Hills Pawn. Penhorei por 80 dolares, dinheiro suficiente para tirar Eve do estacionamento do aeroporto de Los Angeles e ainda ficar com 6 dólares. A coitadinha da minha irmã seria recepcionada por mim, uma anoréxica drogada sem energia para gastar com gentilezas e conversa mole. Sinto vontade de chorar quando me lembro como fui malvada com Eve, principalmente porque ela ficou muito grata por recebê-la em casa. E para onde eu a estava levando? Para dentro de uma casa bonita sem comida e com um "namorado" maluco e imprevisível. Ainda assim, ela achou que era melhor do que o lugar onde estava, o que me deixa péssima.

William desapareceu quase que totalmente naquela época. Os jardineiros e os empregados, mantidos pelo pai dele, ainda cuidavam do jardim e da casa. Eu achava um absurdo que Eve (e eu, mas isso era menos importante) não tivesse comida, mas que a casa estivesse perfeita. Numa noite, logo depois de Eve chegar, William reapareceu às 5 horas da manhã e nos acordou tocando com agressividade o piano Steinway de sua mãe. Em seguida, começou a brigar comigo, partindo para as vias de fato. Eve viu tudo. Eu fiquei arrasada. Por fim, William apagou.

Depois disso, a cada dois dias, William voltava e dormia por pelo menos 24 horas, então eu sabia que tinha um tempo livre sem ele. Pegava o carro "emprestado" enquanto ele dormia e levava minha irmã para dançar em uma boate em Hollywood, chamada Dragonfly. Na época, era um ninho de talentos. Vi Fiona Apple se apresentar lá antes de lançar seu primeiro disco, assim como Mazzy Star. A multidão era linda. Todos éramos lindos na época. Fiz amizade com um monte de gente que trabalhava ali. A gentileza dos desconhecidos era um alívio.

Minha mãe e eu nessa época tínhamos muito pouco contato e eu me perguntava: como vou explicar essa loucura? E estava cansada do meu pai, cansada da brutalidade. Eu me entreguei, pensando *Não tenho para onde ir.*

*

Foi quando conheci Brett Cantor, o encantador de pessoas, também conhecido como prefeito da Dragonfly. Ele também era sócio da boate. Brett tinha olhos azuis e cabelo curto e loiro. Era lindo. Engraçado demais. Tinha 25 (eu tinha só 19 na época), e ele era o executivo da indústria musical mais jovem na Chrysalis Records.

Quando começamos a sair, eu era tímida demais para falar — na verdade, me sentia tão exausta por causa da anorexia que havia deixado de ser falante. Eve falava por mim, acredite se quiser. Mas ele era observador e percebeu o que estava acontecendo comigo. Ele era dos Alcoólicos Anônimos. Estava sóbrio havia sete anos, desde os 18, quando havia chegado ao fundo do poço e vendido o setter irlandês do pai no acostamento de uma estrada para conseguir dinheiro para comprar crack. Ele sugeriu que eu experimentasse o CCA, Comedores Compulsivos. Ah, e ele recuperou o setter irlandês. Depois disso, Brett e eu nos aproximamos muito e comecei a recuperar minha capacidade de falar. Ele foi tão gentil comigo, gentil de um modo que me fazia muita falta. Comecei a ter vislumbres da garota que era e da mulher que me tornaria. Um dia, me abri com ele em relação a William e ele estava determinado a me ajudar a sair dali. Depois de discutirmos minhas poucas opções, combinamos que eu moraria com um amigo dele. Mas eu precisava de grana. Merda!

Eve e eu voltamos para a linda casa em Beverly Hills e analisamos o que podíamos vender, mas tudo era pesado demais para levarmos até a casa de penhores. E então, eu o vi. O piano Steinway! Naquela época, havia um jornal no qual podíamos fazer anúncios de graça, chamado *The Recycler*. Liguei e passei um anúncio para que fosse publicado no dia seguinte. William tinha saído de casa mais uma vez e eu esperava que ele não voltasse. Anunciei o Steinway por 1.500 dólares. Não sabia que pianos como aqueles costumavam custar 20 mil; achei que 1.500 dólares era muito dinheiro, minha nossa.

No dia seguinte, a casa estava repleta de pessoas querendo comprar o piano. Percebi que poderia ter pedido muito mais dinheiro, mas era tarde. O piano foi levado no mesmo dia. Puxei uma espreguiçadeira para deixar no lugar do piano ausente e fui dormir. Quando acordei, William estava sentado ali. Eve e eu ficamos aterrorizadas e nos sentamos no sofá olhando para ele com um sorriso engessado. Ele permaneceu sentado, drogado, e sequer parecia perceber a ausência do piano. Começou a falar que queria que nós dois retomássemos nosso relacionamento. Eu estava muito nervosa, fui só concordando. Disse a ele que seria melhor se alguém pudesse buscá-lo para que eu tivesse tempo para pensar. Não fazia o menor sentido que alguém o buscasse, já que ele tinha um Ford Explorer novo, mas felizmente, sua mente perturbada aceitou minha ideia. Um amigo drogado foi buscá-lo.

Falei para Eve:

— Esta é nossa chance.

Jogamos tudo o que tínhamos, roupas, em sua maioria, no porta-malas do Explorer e partimos como o diabo foge da cruz. Dirigi como uma louca e percorremos em 18 horas o que normalmente levaria 24. Assim que cheguei em Seattle, deixei Eve em casa e fui à concessionária da Ford. Forjei a assinatura de William no documento do carro e o troquei por um esportivo parecido com uma espaçonave sem pensar duas vezes. E William morreu para mim naquele momento. Senti um pouco de culpa, mas as duas unhas que faltavam em meus dedos me lembraram de que eu não deveria me sentir tão mal assim.

Fiquei tensa ao ver meu pai, que foi muito frio, mas ainda assim me deu um abraço sem jeito ao me ver. Me despedi de Eve com emoção, peguei algumas coisas da casa de meu pai, joguei tudo dentro do carro novo e parti. Estava na hora de partir para a minha vida nova, que incluía Brett.

Voltei dirigindo para Los Angeles, bebendo Pepsi Diet em vez de comer para seguir em frente. Não me exercitar sem parar foi muito difícil; eu me sentia extremamente culpada e gorda.

Liguei para Brett várias vezes durante a volta, mas não consegui falar com ele. Fui deixando mensagens. Quando cheguei à saída da Highland Avenue que levava a Hollywood, ao lado do Hollywood Bowl, liguei para ele de novo de um telefone público. Estava começando a entrar em pânico por não ter onde ficar. Desligava e ligava de novo. Um homem que não era Brett atendeu o telefone. Ele se identificou como policial de Los Angeles e disse:

— Brett foi assassinado.

Senti o sangue gelar e não me lembro de nada depois disso. Mais tarde, soube que Brett foi esfaqueado 23 vezes e quase decapitado. Meu mundo, minha esperança se apagaram. Caí no chão e fiquei catatônica. Não me lembro de muita coisa até o enterro. Tudo ficou muito sombrio e eu não conseguia parar de chorar. Ele tinha sido roubado. Eu não conseguia parar de pensar no medo que deve ter sentido em seus últimos momentos. Quanta ira e terror sua alma tinha absorvido. Até hoje estremeço pensando nisso. Ele sempre vai ter um espaço em meu coração. O caso ainda não foi solucionado, mas há anos tenho tentado resolver isso.

Admito, com vergonha, que também chegou a me ocorrer que a magnitude da morte dele curaria minha mente perturbada e me faria voltar a ser a garota corajosa de antes. Já estava cansada de pensar em meu corpo.

No velório, tocaram "Wish You Were Here", do Pink Floyd, e digo de coração que gostaria que Brett ainda estivesse aqui. Ele merecia ter uma vida plena; merecia continuar brilhando. Eu me sentei e chorei sem parar.

Vi o irmão dele, Cliff, no enterro, e pensei que se Brett era luz, ele era trevas, tanto fisicamente quanto na personalidade. É bizarro, mas duas semanas depois do enterro, saí para tomar café com Cliff. Estatísticas apontam que a probabilidade de uma pessoa sair com o melhor amigo ou com um parente de seu parceiro morto é alta. Acabei saindo com Cliff, o que foi louco pra caralho, claro. Quando alguém morre, o relacionamento que existia para exatamente onde estava, então senti que fui do 0 ao 30 com Brett, e que depois fui do 30 ao 100 com o irmão dele. Foi estranho, mas os homens eram meu porto seguro, entende?

O amigo de Brett com quem eu deveria morar desapareceu algumas semanas depois que me mudei e, de novo, eu não tinha para onde ir. Então, acabei ficando com Cliff, que herdou o emprego na gravadora, a boate, a namorada e o carro do irmão.

Tudo isso deve ter sido muito desafiador psicologicamente. Para mim, ao menos. Eu olhava para ele e imaginava que era meu amor perdido. Nós dois precisávamos um do outro como uma espécie de elo de ligação com Brett.

Comecei a frequentar o Comedores Compulsivos com mais seriedade porque Cliff também estava sóbrio e frequentando o AA, como o falecido irmão fizera. Isso me ajudou demais. Fui apelidada de "garota torrada", porque no primeiro ano de recuperação comia torrada três vezes por dia. Era isso o que eu me comprometia a comer e chorava todas as vezes em que o fazia, porque sentia meu corpo se expandindo e meu cérebro enlouquecendo com a obesidade. Eu escrevia num diário na época que enchia de rabiscos horrorosos, malucos e maldosos como "gorda nojenta" escrito mil vezes. Acho que ou eu vomitava nas páginas ou vomitava literalmente no vaso, e nunca fui boa nisso.

Foi depois da morte de Brett e de eu entrar para o Comedores Compulsivos que comecei a fazer o verdadeiro trabalho da minha vida: comecei a dissecar as coisas, estudando-as de todos os ângulos. Os doze passos do Comedores Compulsivos são basicamente os mesmos passos do AA. Admito que nunca passei do décimo. Os últimos dois passos são explicitamente relacionados à oração regular e ao despertar espiritual e eu não queria saber de Deus. Na época eu tinha traumas demais para chegar a esse ponto.

Três semanas depois de Brett ser morto, eu estava de pé na frente de uma academia, esperando meu amigo Josh, chorando por Brett mais uma vez. Os soluços já tinham se tornado constantes, por isso eu estava ali, chorando sem parar, quando uma mulher se aproximou de mim e perguntou se eu era atriz.

Se ela fosse homem, talvez eu não estivesse aqui sentada no momento, porque, quando se é uma moça bonita em Los Angeles, inúmeros homens se aproximam e perguntam "Você é atriz?" só para ver se conseguem dormir com você. Mas, por ser uma mulher, dei a ela uma oportunidade. E respondi que não.

— Bem, você quer ser atriz?

Não.

Eu tinha acabado de fazer 20 anos. Sobre os atores, minhas ideias se baseavam em estereótipos, que todos eram egoístas, obcecados consigo próprios, famintos por fama. A parte da obsessão consigo mesma tinha sido derrubada devido ao meu distúrbio, mas as outras partes não. Nunca tive aquele vazio na alma que pudesse ser preenchido com coisas externas, incluindo a fama. Sabia por William que as "coisas" não podiam me fazer feliz. No fundo, eu sabia que a felicidade era algo que vinha de dentro. No fim das contas, a mulher era uma produtora amiga de um cara chamado Gregg Araki, um diretor indie famoso que eu não conhecia. Gregg andava procurando a protagonista de seu próximo filme, *Geração maldita*, e ainda não a havia encontrado. Eu não decidi na hora, mas dei meu número à mulher. Eles passaram uma semana me ligando, tentando falar comigo. Foi meu amigo Joshua, do filme *A guerra dos donos do amanhã* quem me convenceu a encontrar as pessoas da produção.

Então, me encontrei com eles. Tinha que ir ao Valley, perto de Los Angeles. Me lembro de não querer dirigir até lá. Depois de perguntar quanto me pagariam (10 mil dólares), percebi que era o suficiente para alugar um quarto em uma casa. E sobraria o bastante para eu ir para Paris visitar a casa de verão da imperatriz Josefina, o Château de Malmaison. Não teria que voltar para a Seattle fria e chuvosa, nem para a casa do meu pai. O fator decisivo para me tornar uma atriz acabou sendo: meu pai, Paris e a possibilidade de fugir da chuva.

Então, conheci o diretor. Achei que ele tinha uma personalidade divertida e contagiante. Os testes começaram. Um dos astros do filme estava ali. Araki me disse que eles precisavam fazer um teste para ver se tínhamos química. O ator estava deitado em um sofá. Eu tinha que me deitar em cima dele. Ele estava deitado de barriga para cima e ficou com o pênis ereto. Eu senti. Não foi culpa dele, mas achei uma maneira bem esquisita de ver se tínhamos química. Imagine-se enfrentando isso numa entrevista de emprego.

Fiz a mesma coisa que sempre fazia. Saí do meu corpo e fiquei pairando perto do teto.

Acho que tínhamos química, porque consegui o papel de Amy Blue.

O COMEÇO DE TUDO

Ser descoberta não acontece assim. O que aconteceu comigo foi extremamente raro. Gregg Araki e os investidores tentarem a sorte com uma completa desconhecida é algo que acontece uma vez em um milhão, talvez mais. Já me perguntaram, em entrevistas, o que eu teria feito se não fosse atriz, e minha resposta costuma ser:

"Patologista ou arqueóloga." Mas provavelmente não é verdade. Na realidade não sei o que teria feito, porque, sinceramente, de certo modo, havia concluído que tinha nascido para o cinema. Minha vida sempre seria grandiosa mesmo que eu tentasse diminuí-la.

Geração maldita foi como brincar de atuar para mim. Sabia muito pouco sobre os aspectos técnicos das filmagens. Eles me diziam:

"Em sua marca." Eu não sabia o que era uma marca, só andava pela sala. "O X no chão, é nele que você deve ficar".

Diziam:

"Observe o enquadramento da câmera."

Isso significa quanto espaço o ator tem, como uma caixa invisível ao redor da cabeça pelo ponto de vista da câmera. Não se pode ficar muito à esquerda, nem muito à direita, caso contrário, você sai de cena.

"Vamos ensaiar a configuração."

A configuração é o espaço tomado pelo ator do ponto A ao B em uma determinada cena. Você tem que se lembrar de tudo isso e depois esquecer para que fique natural. Foi uma gravação difícil porque tínhamos um tempo de filmagem muito curto, cerca de três *takes* para cada cena. Eu fazia o meu melhor para acertar tudo o tempo todo.

Minha personagem, Amy Blue, era uma menina de 16 anos ácida e que usava batom vermelho. Eu não sabia nada sobre criação de personagem, então baseei Amy em mim mesma aos 14 anos. Uma punk sempre irritada. E me identifiquei demais. Por meio de Amy Blue, eu podia canalizar minha raiva.

No primeiro dia de filmagem, houve um terremoto em Los Angeles, o maior em décadas. Me lembro que foi como surfar na cama, e eu ficava rindo, achando tudo divertido. Mais tarde, quando soube que pessoas tinham morrido, vi que não era nada divertido. Filmávamos principalmente à noite em locais abandonados perto da cidade, para dar um clima pós-apocalíptico. Eu achava a estética bem legal. Gregg Araki nos disse que ficaríamos cansados e com frio, então eu soube que devia me preparar, e ele tinha razão.

Um dos dois protagonistas homens, muito bonito, como seria de se esperar, podia se comportar mal. Era a primeira vez em que eu ouvia falarem sobre método de interpretação, quando o ator permanece no personagem o tempo todo, mesmo quando a câmera não está ligada. Nunca conheci uma atriz que fizesse método de interpretação. Para mim, alegar uma coisa dessas é o mesmo que arranjar uma desculpa do tipo "Vou ser um babaca do cacete com todo mundo no set." É algo que muitos jovens aspirantes a Marlon Brando fazem. E nunca estive em um set no qual esse comportamento ruim não fosse aceito. Não me deixei impressionar e tampouco me sentia atraída por ele, e acho que isso pode tê-lo deixado confuso. Ele foi muito malvado comigo. Meu namorado havia acabado de morrer. Todo mundo sabia sobre Brett. Eu estava chocada, mas ninguém se importava.

Logo aprendi que ninguém me protegeria.

Houve um momento claro em que o favoritismo, a misoginia e o ambiente tóxico em sets de gravação se tornaram reais para mim, embora eu não soubesse articular isso na época. Não entendia por que aqueles caras podiam se safar de tudo e fazer de tudo. Estávamos gravando uma cena com o ator e eu no banco da frente de um carro. O diretor e o câmera estavam no banco de trás, filmando meu *close-up* enquanto o ator me dizia minhas falas fora da cena. De repente, senti algo molhado embaixo da minha saia, e uma pressão insistente em minha vagina. O ator havia colocado uma garrafa de água dentro da minha saia para molhar e pressionar minhas partes íntimas. Fiquei paralisada. E então, agi. Parti para cima dele, mas a câmera estava na frente. Gregg Araki disse apenas:

— Ah, crianças.

Posteriormente, contei essa história em uma entrevista e Gregg Araki escreveu uma resposta comprida na qual passei os olhos e não me lembro da maior parte, exceto do fim, onde ele dizia:

— Rose se confundiu.

Para mim, isso é o cúmulo da misoginia e da culpabilização da vítima. Não venha com *gaslighting* para cima de mim, seu filho da puta. Minha vagina se lembra. Meu corpo se lembra. É provado cientificamente que a lembrança muda sempre que a resgatamos, mas o corpo tem uma memória que é ainda mais forte do que a da mente. As mulheres sabem quando foram agredidas emocional, física ou verbalmente. E nenhum homem tem o direito de dizer o contrário. Nosso corpo treme, arde, faz muitas coisas quando nos lembramos. Nossos músculos se lembram. Sabemos pelo modo com que nos sentimos quando fomos agredidas. Mesmo quando estamos embriagadas sabemos a diferença entre bem-vindo e indesejado — o corpo SEMPRE sente durante e depois.

O ator se desculpou depois e aceitei seu pedido de desculpas. Não há ressentimento entre nós. Eu o acho incrível. Ainda respeito o trabalho de Araki e sou grata por terem me dado uma chance, mas todo mundo nos sets deve ser respeitado, não só os homens.

A produtora era uma jovem na época, ainda que quase uma década mais velha do que eu. Eu a encontrei anos depois e toquei no assunto, falando que tinha me decepcionado demais por ela não ter protegido uma menina.

Isso aconteceu muitas e muitas vezes nos filmes em que atuei. Era como se não me enxergassem direito. Eu era só uma menina e e ninguém via problema em me tratar mal. Mas havia problema, sim. Então, fazia a única coisa que podia fazer: fingia ser uma das pessoas de meus livros, os personagens no quais me transformava na infância. Criei minha personagem na minha própria versão do filme que tinha em mente. Mais tarde, notei que o filme em minha mente costumava ser muito mais interessante do que o filme no qual eu estava atuando. No fim, comecei a analisar tudo aquilo como se eu estivesse atuando no mundo das outras pessoas, como o que Cindy Sherman fazia em fotos, transformando a si mesma em outras pessoas e em outras vidas. Era uma tentativa de preservar minha sanidade e a parte de que eu mais gostava.

Em *Geração maldita*, tive que filmar uma cena de sexo a três, o que na verdade acabou sendo quase cômico, porque estávamos todos vestindo calça de moletom e chinelos e fazendo sons sensuais. Na tela o efeito desejado aconteceu, mas na vida real, parecia haver paralelos esquisitos de culto ao sexo que eu não conseguia entender bem, nem explicar a mim mesma. Na época, achava que a linguagem no filme era 95% de gíria inventada. Alguns anos depois, assisti ao DVD e já era adulta o suficiente para entender o que estava dizendo. Caralho. Não foi à toa que meu pai foi atrás de Gregg Araki no Festival de Cinema de Seattle e tentou agredi-lo.

Em janeiro de 1995, fui ao Festival de Cinema de Sundance pela primeira vez com o *Geração maldita*. A emoção era palpável no ar da montanha de Park City. Algumas pessoas ficaram tão incomodadas com o filme que abandonaram a exibição. Era um filme muito polarizado. Nada como um pouco de niilismo para assustar as pessoas. Eu adorei. Apesar de minhas experiências no set de filmagem, achei que Araki e todos nós envolvidos naquele filme criamos algo bem bacana e diferente. Acabei sendo indicada para o prêmio de Melhor Atuação de Estreante no Independente Spirit Awards (uma espécie de Oscar para filmes independentes).

Havia advogados em todos os cantos no Sundance. Eu não entendia por que eles estavam me dando seus cartões. Aquilo me fazia lembrar de meus dias de fuga, com homens tarados tentando me atacar. Não entendia por que precisaria de um advogado. Entrei na indústria meio às avessas e, por isso, não conhecia as "regras". Normalmente, as pessoas chegam a Hollywood, se matriculam em um curso de interpretação, fazem workshops na esperança de que um agente as escolha, começam tentando conseguir um comercial, ganham um papel na TV com uma única fala, talvez interpretem um defunto ou algo assim, e então tentam fazer uma participação especial, depois um papel sem destaque em um filme indie e, quem sabe depois, um maior, seguido pelo Santo

Graal, participando de um programa de TV ou um filme. À medida que sobe lentamente essa escada — normalmente leva anos e precisa de muita sorte —, você aprende quem são os tubarões. Mas eu, não. Eu era uma criancinha na indústria e trabalhava num nível além de minha compreensão. Então, não tinha ouvido boatos a respeito de quais esquisitos evitar, em quem confiar, se é que dava para confiar em alguém. Eu era tão inocente nos joguinhos que não me ocorria que as pessoas mentiriam para mim, que tivessem intenções abomináveis. Eu não sabia que precisava temer aqueles que sorriam e estendiam a mão.

Havia um advogado no Sundance, um cara pequeno com botas de caubói, que se aproximou e explicou por que eu precisava de um advogado. Ele assinou comigo e me arrumou um agente, e as coisas evoluíram daí.

Imediatamente, eles me colocaram em um filme de Pauly Shore. Eu precisava de dinheiro para pagar o aluguel. Claro, eu tinha feito meu primeiro papel de protagonista em um filme, e acho que com isso as pessoas pensam que somos ricos, mas só recebi o bastante para conseguir pagar o aluguel de um apartamento minúsculo, que dividi com uma garota chamada Julie, que media 1,85m e tinha cabelo loiro platinado, uma australiana estrondosa que mais parecia um tucano gigante, grasnando o tempo todo. Eu a adorava.

Por ser atriz, eu ficava esperando sentir que tinha sido "mordida pelo bichinho da interpretação". Lia sobre outros atores e a paixão que eles nutriam pela arte, e fiquei esperando que a paixão me pegasse. Eu amava gravar, amava ver como funcionavam os estúdios de gravação e o fato de podermos fazer coisas que afetavam as pessoas e moldavam mentes, mas o bichinho não me mordia.

Eu me indignava muito com as coisas ruins que acompanhavam o ofício de atriz, me ressentia demais. Sabe o estresse/desconforto que acompanham uma entrevista de emprego? Agora, imagine que em sua entrevista de emprego você tenha que chorar, soluçar ou rir como uma doida, e parecer sexy enquanto faz isso. Imagine ter que fazer coisas humilhantes, como ficar de pé e se virar para que possam ver seu corpo, um grupo de homens olhando sua bunda e seus peitos, fingindo que é para o papel.

Fazer testes, para mim, era sempre traumático. Como aquela cena do corredor de quando eu era criança na seita. Seria assim: atravesso um corredor, meu coração já está acelerado, e me sinto sem ar. Provavelmente há dez mulheres de um lado, dez mulheres do outro, em cadeiras dobráveis pequenas sob as luzes fluorescentes. Todo mundo está usando um vestido curto e saltos ou tentando parecer como a personagem, seja lá o que for. Sentia uma onda de vergonha por estar ali com a mão estendida pedindo para ser escolhida. Odeio. Odeio cada minuto disso. As mulheres me olham de cima a baixo e tentam me desanimar. Parece que minha pele está sendo arrancada com agulhas porque estou num teste aberto e sei contra o que estou lutando.

Na noite anterior, trabalhei duro para memorizar as duas cenas de um roteiro que algum idiota medíocre escreveu e achou ótima. Mas tanto faz, preciso do emprego. Tenho que lutar pelo papel. Estou sentada no corredor com cerca de dez a vinte atrizes e ouço os gritos abafados vindos de dentro do camarim. Tento ignorá-los. Depois de esperar por quase 1 hora, chega a minha vez. Eles me pedem para entrar. Meu coração começa a bater ainda mais forte. Minhas mãos suam, e meu colo fica vermelho. Consigo sentir as manchas se espalhando.

Entro em uma sala que parece uma caixa pequena. Tem uma câmera montada para me filmar. Há cinco homens na sala com uma diretora de elenco e sua assistente operando a câmera. Eles estão sentados em um semicírculo e me encaram. Mais uma vez aquelas luzes fluorescentes horrorosas. Fico me perguntando como as pessoas são contratadas sob luzes como aquelas. Cumprimento todos no breve tempo que tenho para impressioná-los. Minhas mãos tremem enquanto seguro o roteiro. A realidade é que, nos bastidores, já sabem quem vão chamar. Já fizeram propostas à estrela enquanto estou fazendo o teste, e mantêm os testes para terem opções e, talvez, um plano B. Sei que estão procurando um nome mais importante. Ainda me apego à esperança de que, se algo não der certo, talvez me escolham.

Seguro os papéis da cena com as mãos trêmulas, para o caso de esquecer as falas. Começo. Também começo a gritar e a chorar no momento adequado. Fico me perguntando se alguém mais lá fora está pensando a mesma coisa que eu, mas então penso que provavelmente não porque talvez desejam genuinamente estar ali. Por eu ter me tornado atriz por acidente, *eu* não queria. Acho desgastante e muito constrangedor, e me ressinto por ser tratada como gado, só mais uma entre tantos.

Lágrimas rolam por meu rosto. Eles me pedem para repetir a segunda cena. Isso é um bom sinal?

— Obrigada, Rose, bom te ver. — diz a diretora de elendo, me dispensando.

Aperto a mão dela e digo:

— Obrigada. Tá, tchau.

Todo aquele choro e aqueles gritos, vou ter que engolir tudo isso, prender dentro desse meu pobre corpo que não sabe o que está acontecendo nem por que despertei sentimentos intensos.

Agora, tenho que atravessar a sala e passar pelas outras atrizes que estão me encarando. Estou fervendo de raiva. Desço a rua procurando uma lata de lixo para jogar as páginas do roteiro. Sempre jogo fora as páginas de roteiro o mais rápido possível porque não quero ser vista como uma atriz descendo a rua, não quero aumentar minha vergonha. Em dois dias, tenho outro teste e vou ter que fazer isso de novo.

Fiz um teste para o papel de Tatum Riley em um filme de terror chamado *Pânico*. Torci para que eles não me mandassem deitar em cima de alguém dessa vez. Felizmente, só tive que gritar e arfar, como sempre, e me dei bem. Recebi um telefonema do meu agente e me ofereceram 50 mil dólares pelo papel. Caralho! Aquela era a maior quantia que já tinham me oferecido. O normal seria que meu advogado fizesse uma contraproposta de 100 mil, e eu acabaria recebendo 75 mil, mas meu advogado rebateu pedindo 250 mil.

Isso deixou o diretor tão fulo que ele me fez refazer o teste (um teste filmado) para o papel mais três vezes, apesar de já terem feito uma oferta. Na minha opinião, o diretor quis me humilhar e me penalizar pela atitude do meu advogado. É assim que eles fazem. Punem a moça pelas atitudes de quem a representa.

Antes que eu pudesse refazer o teste, eles contrataram Neve Campbell, uma atriz de cabelo escuro. Pensei: *Ai, Deus. Nunca mais vão me contratar porque também tenho cabelo escuro.* São essas as regras. Comentei com a produtora loira que estava pensando em ficar loira. Os olhos de todos brilharam, *ding, ding, ding*, porque sabe como é, só se pode ter várias mulheres na tela se elas tiverem cabelos de cores diferentes, caso contrário, acham que a plateia é burra demais para diferenciá-las.

Eu não tinha a menor vontade de ficar loira, mas sabia que só assim seria contratada. Uma das produtoras me levou ao cabeleireiro dela, que me transformou numa moça loira da região central do país. Meu plano funcionou. Oficialmente me oferecem o papel, mas por menos do que todos os meus colegas por causa do lance do advogado. Depois de pagar agente, empresário e advogado, findei lucrando apenas 12.500 dólares. Mas ainda assim era a maior grana que eu já tinha visto na vida.

Minha personagem morria em *Pânico*, mas eu queria que ela fosse mais do que uma jovem descartável em um filme de terror. Estava determinada a fazer as pessoas gostarem dela, Tatum Riley. Não queria que fosse derrotada sem lutar. Queria que fosse tão memorável quanto um ser humano.

Ninguém fala sobre como as pessoas se desligam das emoções ao assistir um filme de terror. Deus me livre ver alguém morrer de modo tenebroso e sentir algo em relação a isso! Se você não acha que isso significa apatia na vida real, está se iludindo. Anestesiar-se em relação à violência contra as mulheres é algo que acontece cedo, e se não acontece na sua casa (espero que não), chega pela TV e pelos filmes. O que achei que *Pânico* original fez muito bem foi fazer as pessoas *se importarem* com cada personagem. Não éramos descartáveis.

Sinto orgulho por ter criado uma personagem indelével que teve uma das mortes mais memoráveis de todos os tempos na tela.

Também tenho orgulho por ter feito minha famosa cena da morte na garagem, a cena em que Tatum morre, sem a ajuda de dublês. Terminei com hematomas dos ombros à cintura, mas sabia que ficaria melhor.

Quando cheguei ao set de gravação, quem encontrei? O mesmo cara velho e assustador do meu trabalho como figurante do filme *A guerra dos donos do amanhã*. O cara que me molestou. Ele me viu e perguntou:

— Não conheço você de algum lugar?

Meu coração começou a bater acelerado. Mas eu estava com o cabelo loiro, e ele não me reconheceu. Foi substituído uma semana após o início das gravações, o que me deixou extremamente feliz.

Tirando isso, o set de filmagens de *Pânico* era um refúgio para mim. Wes Craven era um homem especial e complexo.

Ele cresceu proferindo a glossolalia religiosa em uma igreja batista. É de Ohio, onde acho que trabalhou como professor, partiu com seus filhos ou com um filho pequeno e com a esposa, mudou-se para Nova York, tornou-se motorista de táxi e realizou seus sonhos. Eu respeito isso. Ele tratava a nós, atores, como semelhantes, e o ambiente era muito especial. Wes Craven era muito gentil, um verdadeiro cavalheiro. Pensei que todos os meus filmes com grandes diretores seriam como aquele. Estava enganada.

Todos meio que sabíamos que estávamos fazendo algo mágico, mas não conseguíamos prever que se tornaria o fenômeno que se tornou. Principalmente eu, que não sabia nada sobre números de bilheteria e coisas desse tipo.

Comprei uma cachorrinha, uma boston terrier chamada Bug, uma semana antes de começar a gravar *Pânico*. Bug era uma cachorrinha muito estabanada. Estava em promoção no Beverly Center, um shopping grande e feio em Los Angeles. Passei por ali um dia e vi aquela coisinha pequena, preta e branca, com olhos enormes voltados para direções diferentes, as patas enfiadas nas grades da caixa de metal. Vi o preço, vi que Bug tinha sido posta em promoção duas vezes e pensei *Sei como é ser desvalorizada. Essa é a cachorrinha certa para mim.*

Wes Craven se apaixonou por Bug, como eu. Ela cresceu nos sets de gravação. Entendia que tinha que ficar em silêncio durante os *takes*. Ela era perfeita. Permanecia bem quietinha e nem sequer balançava a coleira. Foi fotografada muitas vezes com meu cachorro Fester, outro boston terrier que comprei alguns meses depois. Eles foram fotografados por Bruce Weber, Ellen von Unwerth, David LaChapelle, alguns dos maiores fotógrafos que existem. Bug chamava atenção no set, posso garantir. Ela dava aquele toque a mais de esquisitice.

Logo depois de *Pânico*, fui ao dentista. Eu estava deitada na cadeira, abrindo a boca o máximo que conseguia em um consultório chique em Beverly Hills, quando o dentista olhou para a minha boca e disse:

— Você não tem dentes de estrela de cinema.

E acreditei nele, ainda que, àquela altura, eu estivesse, teoricamente, sendo uma estrela em filmes.

Como se eu quisesse a porcaria dos dentes de Hollywood como os dele, com aquele tom extremamente branco falso, para que ele pudesse lucrar comigo? Era isso o que minha melhor parte dizia, mas como manter essa melhor parte intacta quando tudo no sistema de Hollywood, no mundo da imprensa, no treinamento que recebemos desde meninas nessa sociedade diz que temos que nos desfazer de quem somos de verdade?

Fiquei pensando no fato de não ter dentes de estrela de cinema. Eu tinha certeza de que quando *Pânico* saísse, meus dentes tortos ficariam enormes na tela. No lançamento, eu só conseguia olhar para eles. Meus dentes fodidos. Eu deveria ter dito que eu *era* uma estrela de cinema mesmo com os dentes tortos, mas não fiz isso. Comecei a endireitar meus dentes, algo de que me arrependo. Principalmente por ter sido uma ideia implantada e não minha. A merda da lavagem cerebral tinha começado pra valer.

A situação real era que eu seria a pessoa cujo rosto explodiria e percorreria o mundo para influenciar o resto da população a buscar enquadramento no padrão. Eu não sabia que por estar nas telas seria uma representante de todas as mulheres. Era esse o meu papel. Mas eu ainda não sabia. E meus dentes corrigidos faziam parte dessa mensagem.

MORTE DO EU

A maioria das pessoas passa por certas experiências ou vivencia eventos que se tornaram marcantes: ensino médio, formatura, faculdade, casamento, coisas assim. As minhas se resumiram à versão das telas. *Pânico* foi a minha versão da faculdade. E se *Pânico* foi a minha faculdade, *Um crime entre amigas*, que veio em seguida, foi como voltar ao ensino médio. Seria o único baile de formatura ao qual eu iria.

Na verdade, minha personagem, Courtney Alice Shayne, não só vai ao baile de formatura com um vestido lindo, como também é eleita a rainha do baile. Tudo está indo bem até alguém mostrar uma gravação de Courtney confessando um assassinato, reproduzida pelo alto-falante, e então todos os alunos se viram para ela, arremessando as flores e a xingando.

Então, esse foi meu baile. Eu adorei a personagem que interpretei. Ela não tinha escrúpulos, mas acho que os sociopatas não costumam saber que são sociopatas. Então, ela apenas pensou *O que tem de tão grave nisso?*

Vi um clássico no qual a atriz Gene Tierney fazia o papel de uma sociopata. O filme se chamava *Amar foi minha ruína*. No filme, ela empurra uma criança cadeirante de um abismo. Quando seu marido pergunta:

— Por que você fez aquilo com Timmy?

Ela responde:

— Querido, precisávamos de mais tempo juntos, sozinhos.

Sempre achei aquilo bizarramente engraçado, então baseei Courtney Alice Shayne nela, uma personagem para a qual sempre tirei o chapéu nos clássicos de Hollywood. Com Darren Stein, o grande roteirista e diretor de *Um crime entre amigas*, transformei Courtney Shayne em um personagem icônico. As outras meninas também fizeram um trabalho incrível naquele filme.

Em 1997, comecei a fazer outro filme, *Fantasmas*, feito pelo mesmo estúdio de *Pânico,* a Miramax. Durante as gravações, voltei ao Festival de Cinema de Sundance, no fim de janeiro. Dessa vez, fui o centro das atenções. Eu tinha quatro filmes em Sundance naquele ano: um curta e três longas.

Um dos meus longas se chamava *Indo até o fim*. Ambientado nos anos 1950, é um filme bonito e realizado sob a supervisão de um grande designer de produção, de um grande designer de figurino e de um ótimo diretor. Jeremy Davies, o protagonista de quem eu era amiga antes de começarmos a gravar, também participou. Em uma cena de *topless* em que contraceno com ele, tento seduzi-lo, mas seu personagem não consegue uma ereção. Eu já tinha feito cenas de *topless* em *Geração maldita* e pensei que agora seria mais fácil, já que conhecia o ator, mas eu estava enganada: era muito mais difícil. Foi preciso um esforço maior para sair do meu corpo como eu tinha feito durante as filmagens de *Geração maldita*, e senti isso. Chorei depois de gravar a cena.

Na première em Sundance de *Indo até o fim*, me sentei com o coração acelerado porque logo eu me veria na tela, algo com o que não conseguia me acostumar. Minha empresária, Jill, sentada ao meu lado, sussurrou em meu ouvido que o diretor da Miramax estava sentado atrás de mim. A Miramax, propriedade da Disney, era a empresa superpoderosa que produziu *Pânico* e também o filme no qual eu estrelava com Ben Affleck, *Fantasmas*. Na verdade, era meu segundo filme com Ben Affleck, já que ele também trabalhou em *Indo até o fim*. As luzes se apagaram. Eu tinha visto o nome do Diretor do Estúdio nos créditos de *Pânico*, mas nunca tinha visto seu rosto. Não queria me virar e deixar explícito que estava olhando, por isso continuei olhando para a frente. Voltei a assistir ao filme. A cena de *topless* começou e eu queria que o chão me engolisse. Tinha sido muito difícil gravar aquela cena e eu estava ali me lembrando do quanto chorei depois das filmagens. Me encolhi na cadeira. Vi minha empresária se virando e assentindo para o Diretor do Estúdio. Quando repasso a série de acontecimentos em minha cabeça, sempre me arrepio com aquele meneio de cabeça. Por vinte anos, fiquei me perguntando o que aquilo significava. Agora eu sei.

Agora, todos sabemos o nome do Monstro, mas tomei a decisão de não usá-lo. Não gosto do nome dele e, apesar de saber qual é, e de você talvez saber qual é, me recuso a colocá-lo no meu livro.

Quando o filme acabou, o Diretor do Estúdio não estava mais ali. Deve ter saído mais cedo. Jill estava mais do que animada ao me dizer que ele havia me chamado para uma reunião no dia seguinte — às dez da manhã no hotel mais chique de Park City, o Stein Eriksen. Eu o encontraria no restaurante. Mais tarde, eu me perguntaria se a reunião tinha sido marcada *enquanto* assistíamos ao filme. Jill me disse que o Diretor do Estúdio era conhecido por criar estrelas, que aquela era minha grande chance de causar uma boa impressão. Respondi que, como já estava em dois filmes produzidos por ele, eu já tinha causado uma boa impressão e perguntei por que precisava ir se já estava empregada. Mas ela insistiu que era necessário e que eu deveria ir. Aceitei e a reunião foi encaixada em minha agenda já cheia do dia seguinte. Jill me contou que aquele homem tinha muito "poder" em Hollywood. Percebi isso pelo modo como ela falava sobre ele, toda empolgada. Eu era muito nova no alto escalão da indústria e não sabia nada sobre aquele homem nem sobre o tipo de poder que ele tinha. Eu não sabia o que muitas pessoas já sabiam, que ele era um predador e que eu estava me metendo em uma armadilha — uma armadilha que deu início a uma conspiração de conivência que durou vinte anos.

Na manhã seguinte ao Sundance, acordei cedo, me preparei para a reunião antes de um dia cheio de compromissos com a imprensa por causa dos meus três filmes em cartaz no festival. Eu estava muito sobrecarregada, pensando na minha lista de afazeres, mas acreditava que com Jill, a empresária, ao meu lado, conseguiria fazer tudo.

Tenho pensado muito no dia em que minha vida foi tomada pelo mal. Havia uma equipe de filmagem da MTV me acompanhando naquele dia. "Um dia na vida de Rose McGowan" era o tema. A equipe da MTV teria que esperar na frente do hotel até que eu voltasse da reunião. Eu me repreendo há anos porque antes de entrar na tal "reunião", eu me virei para o câmera da MTV e disse, com um sorrisão sincero:

— Acho que minha vida está ficando mais fácil.

Eu achava que, como estava conseguindo um pouco de estabilidade financeira e frequentava ambientes melhores, as coisas estavam melhorando. Estava cansada de sobreviver, cansada do medo, da dor, do sofrimento. Queria crescer. Queria voar. Queria ser livre. Mas, na verdade, ganhei uma pena a cumprir.

Acenei para o câmera, entrei no hotel e fui até o restaurante. Disse um "bom dia!" alegre ao recepcionista de cara fechada no restaurante. Ele me disse que o Diretor do Estúdio estava em uma ligação, trabalhando do escritório de sua suíte, e que eu deveria subir e esperar. Sorri e agradeci, mas ele se virou e não retribuiu o sorriso. Me lembro de ter pensado *Nossa, ele não é muito simpático*.

Encontrei o número do quarto e bati à porta. Dois assistentes abriram a porta. Dei a eles mais um "Bom dia!" alegre. Eles não disseram nada e olharam para baixo. Pensei: *Credo, eles também não são muito simpáticos*. Passaram por mim em silêncio e me deixaram entrar no quarto sozinha.

Quando a maioria das pessoas ouve alguém dizer "quarto de hotel", imagina uma cama, uma mesa e um banheiro pequeno. O quarto de hotel do Monstro ocupava o andar inteiro. Devia ter uns 280 metros quadrados, como uma casa de tamanho médio a grande, com certeza não o quarto padrão de hotel que imaginamos.

Entrei e, dentro da maior sala de estar que eu já tinha visto, estava meu chefe, o Diretor do Estúdio, na ponta de um sofá enorme, falando alto ao telefone. Ele fez um gesto para que eu me sentasse. Continuou falando alto ao telefone enquanto esperei uns cinco minutos para que ele terminasse a ligação. Tive tempo de analisá-lo. Senti repulsa na mesma hora.

O Diretor do Estúdio não era nem um pouco atraente. Acho que seria o eufemismo do século dizer que ele jamais ganharia um concurso de beleza. Bem, talvez um concurso de beleza no inferno. Talvez ganhasse o prêmio de mais monstruoso. Ele é uma pessoa enorme, tanto de altura quanto de peso, com a pele oleosa, rosto manchado com um nariz carnudo e bulboso e lábios grosseiros. Seu olho direito é mais fechado do que o esquerdo, o que dá a ele uma aparência irregular. Ele me lembrava um abacaxi derretido.

Ele poderia ser o bicho-papão de seus piores pesadelos.

E se tornou dos meus.

Eu estava sentada em uma ponta do sofá e ele estava na outra, cerca de um metro e meio enquanto falava alto ao telefone. Eu olhava para o teto para não ter que olhar na cara dele. Por fim, ele terminou a ligação e começamos nossa reunião. Pensei em fazer o que sabia fazer de melhor, usar minha inteligência e sagacidade para provar que eu era diferente do estereótipo de uma atriz. Apesar de estar no começo da carreira, eu já me ressentia por ser enquadrada no clichê de atriz. Tinha certeza de que trabalharíamos juntos por muitos anos, e estávamos ali para planejar o o futuro da minha carreira. Foi isso que minha empresária falou sobre aquela reunião tão importante. Era o que eu esperava de verdade. Quero dizer: se você estivesse no meio de um segundo trabalho de grande destaque em uma empresa, já não estaria acreditando ser um funcionário de valor com grande futuro? Quando penso nisso, sinto pena de mim mesma por ter sido tão ingênua. Realmente achei que aquela era uma reunião de negócios e que aquele nojento se importava com o que eu tinha a dizer. Estava muito enganada.

Mais tarde eu descobriria que outras atrizes tinham sido alertadas a respeito do que poderia acontecer quando o Diretor de Estúdio marcasse uma reunião com elas. Mais tarde eu descobriria muitas coisas. Eu não fazia a menor ideia, por ser nova na área, mas aquele animal horroroso tinha um longo histórico de abuso de jovens. Acontece que, já em 1997, esse segredo já era de conhecimento de todos na indústria. Infelizmente, parecia que todo mundo de Hollywood, do lado dos negócios, sabia que quando uma atriz era chamada para uma reunião, a coisa toda se desenrolaria de um jeito bem diferente do esperado.

Mas *eu* não conhecia os boatos e os segredos, a fofoca e os sinais de alerta. Por ter vivido nas ruas, eu sabia que tinha que ficar atenta a agressores. Mas nunca me ocorreu que o maior deles pudesse ser de Hollywood. Que aquelas pessoas chiques fossem, na verdade, mais perigosas do que as das ruas. Aquelas pessoas com seus ternos de 3.500 dólares podiam ser muito piores do que um cara que está atrás de você para conseguir sexo num beco qualquer. Sabe por quê? Porque há agressores que espalham sua podridão em nosso mundo.

O Diretor do Estúdio perguntou os tipos de projetos que eu queria fazer. *Que pergunta boba*, pensei. Eu disse que queria fazer projetos que fossem importantes. Ele parecia ser um cara espertalhão, sem modos, grosseiro, meio sem noção. Meio parecido com um porco, para ser sincera. Fiquei assustada com seu tamanho e sua feiura. Disfarcei falando sobre o amor que sentia pelos filmes clássicos. Mudando de assunto, ele disse que tinha uma jacuzzi no quarto. Ah, que ótimo, mas meio nada a ver, né? Imaginei que o comentário sobre a jacuzzi fosse para ostentar sua riqueza e o fato de ter uma banheira, o que achei fútil. Não percebi que fazia parte do plano. Eu não soube o que responder, por isso prossegui com minha história. Aproximadamente às 10h30, encerramos a reunião e ele disse que me acompanharia até a porta. Pensei: *Bem, deu tudo certo.* Era minha primeira reunião com um poderoso. Estava ansiosa para contar tudo a Jill, minha empresária. Imaginava que ela se orgulharia de mim.

Saí da sala de estar e atravessei um corredor. Caminhando atrás de mim, o tamanho dele parecia ainda maior. Tenho 1,63m de altura. Parecia que ele tinha 1,90m de altura e 1,90m de largura. Ele devia pesar três vezes mais do que eu, se não mais.

Meu cérebro já estava fora dali e pensando na próxima tarefa, a entrevista que eu daria ao sair do hotel. O câmera da MTV esperava por mim lá fora e estaria gravando quando eu saísse do prédio. Eu tinha esperança que minha maquiagem ainda estivesse boa. No corredor, passamos por uma porta. De repente, ele me para e diz:

— Este é o quarto da jacuzzi.

Eu não soube o que fazer, então educadamente olhei ali dentro e disse que era bonita. Não sabia por que tinha sido parada para ver uma banheira, já que todo mundo sabe do que se trata. Eu me expressei de modo a deixar claro que achava a jacuzzi bacana. O cômodo estava superquente e úmido.

É nesse momento que sinto uma mão nas minhas costas me empurrando mais para dentro do cômodo pequeno, escuro e incrivelmente quente. Tudo a partir desse momento acontece muito depressa e, ainda assim, muito lentamente. Não entendia por que estava ali. Não conseguia respirar. Ele está de pé bem na minha frente, tomando todo o espaço do cômodo com madeira nas paredes. Tudo acontece bem rápido. Minhas roupas estão sendo tiradas. Eu me encosto na parede, mas não tenho para onde ir. Fico paralisada, como uma estátua. Não sei o que está acontecendo. Minha blusa de lã está sendo tirada e, com a mão, ele puxa minha calça para baixo. Abaixa-se e tira meus sapatos. Estou nua. Tudo isso aconteceu no espaço de cerca de trinta segundos, parece. Meu cérebro está tentando acompanhar. Alarmes soam alto em minha cabeça. Ele tira as roupas. Mas que merda está acontecendo? Ele me pega no colo e me coloca na beira da jacuzzi. Estou nua, com água quente até os joelhos. Eu me fecho dentro de mim mesma. Fiz o que muitas pessoas que passam por traumas fazem, eu me desassociei e deixei meu corpo. Estava acima de mim mesma. Ele entra espirrando muita água. E me empurra contra a parede. Meus joelhos estão unidos. Ele leva as mãos até eles e abre minhas pernas. Estou exposta a um monstro. Literalmente mais nua do que nunca. Ele posiciona o rosto de monstro entre minhas pernas. Alarmes não param de soar em minha mente: *Acorde, Rose, acorde*. Mas fiquei paralisada como uma estátua — se as pernas de uma estátua pudessem ser abertas.

Qualquer pessoa que tenha sofrido uma agressão sexual pode dizer: o trauma faz coisas esquisitas com nossa percepção de tempo, com a memória. Há detalhes dos quais nos lembramos com muita exatidão — o desenho dos azulejos, o tom amarelo da luz, o tamanho obsceno de um nariz desproporcional ao resto de um rosto — e também há falhas na linha do tempo onde não há nada, nada. Cada segundo se estende por uma eternidade infernal, mas tudo acontece de repente. E sua vida nunca mais será a mesma. Minha vida nunca mais seria a mesma.

Desligada do meu corpo, pairo sob o teto, observando a mim mesma, sentada na beirada da banheira, contra uma parede, presa ali pelo Monstro cujo rosto está entre minhas pernas, presa por uma fera. Naquele cômodo minúsculo com aquele homem enorme, minha mente está vazia. *Acorde, Rose, saia daqui.*

Tento entender que merda está acontecendo. Como fui colocada naquela posição e empurrada contra a parede? Quando tiraram minhas roupas? Não sei o que fazer. E aquilo continua sem parar. Parece que minha pele quer se desprender. A língua nojenta dele está DENTRO de mim. Ai, meu Deus. Lágrimas rolam por meu rosto. A água está espirrando porque ele está se tocando dentro da água. Uma mão me segurando, a outra segurando aquilo. Ele enfia a língua em mim de novo.

Acorde, Rose. Meu cérebro começa a funcionar. O instinto de sobrevivência toma conta de mim e desesperadamente tento pensar em como sair dali e fazer aquela merda parar. Ele está me lambendo e estalando os lábios nojentos em mim. Sua língua gorda e molhada em minhas partes mais íntimas. *Meu Deus, pare.* Não sei como sair dessa situação, então lembro do filme *Harry e Sally — Feitos um para o outro* com a cena do orgasmo fingido. E foi o que fiz. Fingi ter gozado. Começo a gemer alto, sem parar, com lágrimas rolando pelo rosto, misturadas ao suor por causa do calor. Ele geme alto; em meio às minhas lágrimas, vejo o sêmen flutuando sobre a espuma.

O orgasmo fingido funciona. Ele parece satisfeito e me larga. Minhas pernas parecem feitas de gelatina. Ele manda eu me vestir. Pego uma toalha e me apresso a me secar da melhor maneira que consigo. Meu corpo inteiro está tremendo.

Tento encontrar minhas roupas. Estou chocada e me movendo meio mecanicamente. Ainda estou flutuando, ainda fora do meu corpo, e estou tentando vestir as roupas e entender o que acabou de acontecer. É como uma corrida que não conseguimos acompanhar. Minha vida mudou de rumo. Eu tinha acabado de ser sequestrada.

Mais tarde, enquanto repasso sem parar o que aconteceu, volto a pensar naqueles homens que vi a caminho da fatídica reunião. O atendente sério no restaurante, os assistentes que não olharam para mim: eles fizeram aquilo comigo tanto quanto o Monstro. E os odeio por isso.

Saio cambaleando do hotel em estado de choque. A equipe de câmeras da MTV está ali filmando, a gravação continua. A primeira coisa que vejo quando saio é o microfone deles estendido na minha frente, perguntando como foi. Essa gravação existe em algum lugar. Espero nunca vê-la. Imediatamente sou levada a uma sessão de fotos com meu colega de *Fantasmas*. Estou tremendo e meus olhos estão marejados. Digo de onde acabei de sair e meu colega diz:

— Que droga. Eu falei para ele parar de fazer isso.

Não me lembro de muita coisa daquele dia além de ter comprado uma passagem de avião e ido para casa. Queria ir para casa e encontrar minha amiga Ingrid, que também tinha sido agredida sexualmente. Eu sabia que podia falar com ela. Ela era minha melhor amiga.

O Monstro soube que eu tinha viajado e ficou tentando me ligar. Deixou mensagens dizendo que eu era sua nova amiga especial. Ele deu o nome de outras grandes atrizes que trabalharam com ele, que ganharam o Oscar, e disse que elas também eram suas amigas especiais.

Vomitei quando ouvi a voz dele. De jeito nenhum retornaria os telefonemas.

Eu me sentia tão suja. Tinha sido agredida e estava triste até o fundo da minha alma. Ficava pensando nele sentado atrás de mim no cinema na noite anterior ao ocorrido. O que fazia parecer — não por minha responsabilidade — que eu poderia tê-lo provocado de alguma maneira. E isso tornava tudo pior e fazia com que eu me sentisse ainda mais suja. Sei que outras vítimas também se sentem assim. Repassamos a fita do ocorrido sem parar, e nos culpamos. Se ao menos, se ao menos, se ao menos.

Eu me lembrava de ter me virado para o câmera da MTV, dizendo achar que minha vida finalmente estava ficando mais fácil. E me perguntava se naquele momento eu havia me amaldiçoado, se havia atraído o que aconteceu, apesar de, lógico, eu saber que nada daquilo era minha culpa.

O ato foi criminoso de todas as maneiras: ele era meu empregador, eu era funcionária dele; ele era extremamente influente e poderoso em minha área de atuação, e eu era uma novata que mal conseguia se sustentar. Ele era um ogro enorme, e eu, uma menina. Estou chorando ao escrever este relato.

"Eu falei para ele parar de fazer isso."

Esse comentário tem me assombrado. Que absurdo todo mundo simplesmente discordar e desviar o olhar. Mas o acobertamento estava só começando.

No período que veio logo depois, eu não conseguia parar de chorar. Um dos meus telefonemas foi para a minha empresária. E a coisa toda foi muito escrota porque Jill me aconselhou a ver aquilo como algo que ajudaria minha carreira a longo prazo. Vomitei. Eu me sentia em um parque de diversões e todos os espelhos refletiam meus horrores. E o ímpeto de minha empresária era esconder tudo, o que só me assustava mais. Como era possível que ela não soubesse? E se sabia, como a mulher em quem eu mais confiava pôde armar para cima de mim? Eu estava aterrorizada. Tinha entrado em um mundo escroto, todo ao contrário.

Telefonei para a minha agência. O cara que atendeu era influente na cidade na época. Contei a ele o que aconteceu comigo. E ele disse:

— Porra, acabei de abafar um caso dele que iria para o *LA Times*... Ele me deve não aprontar essa.

Minha nossa. Aquele cara poderia ter impedido o Monstro de me machucar, mas, em vez disso, decidiu acobertá-lo. Tudo bem, não? Eu era só uma menina. Meu cérebro estava em choque. Quem eram aquelas pessoas horrorosas?

Eu queria processar o Monstro. Alguém me colocou em contato com uma advogada criminal muito ríspida que disse:

— Você é atriz. Fez uma cena de sexo. Nunca vai ganhar. Não tem como.

Naquele momento eu gelei. Estava sozinha. Totalmente sozinha.

Sabia que se fosse a público, nada aconteceria com o Monstro, mas eu — *eu* nunca mais voltaria a trabalhar. Se eu perdesse o trabalho, não conseguiria me sustentar e, mais uma vez, morri de medo de ficar sem casa. A falta de trabalho me levaria de volta para as ruas, e ficar sem teto seria uma pena de morte. Eu sabia que, se eu morresse, seria lembrada por revelar a identidade do meu estuprador, não pelas minhas conquistas. Não queria o nome dele ao lado do meu no obituário.

Pensava muito sobre a morte naquela época. Na minha. Na dele. E tudo parecia sujo no mundo em que eu vivia.

Recebi um telefonema do diretor da minha empresa de advocacia da época. Tive que contar a verdade a ele mais uma vez, sentindo-me agredida por ter que mostrar uma ferida profunda e aberta a um cara que eu não conhecia, o que me parecia uma agressão por si só.

— Quero muito que você vá a público contra o diretor do estúdio — disse o grande advogado. — Seria algo ótimo a se fazer.

Mas não seria algo ótimo a se fazer. Por mais que estivesse arrasada, minha intuição me dizia que eu me tornaria uma peça muito fraca em uma espécie de jogo de poder entre dois homens poderosos. Não seria bom.

Mesmo em meu estado traumatizado, percebi que nem mesmo aquele homem poderoso podia fazer algo para me ajudar. Talvez se houvesse algum incentivo, um ganho financeiro ou político, talvez pensassem em quebrar o "código de honra" que protege esses filhos da puta. Mas provavelmente não. No fim faz contas, ninguém fez nada. Por vinte anos.

Porque está tudo certo. São negócios. E é só uma garota.

Então eu sabia que não deveria dizer nada. Não seria usada como um peão por essas pessoas. Mesmo naquele estado, eu me recusava a ser uma peça. Eu ainda não tinha percebido que já era uma.

Estava tão enojada. Eu havia passado a vida inteira tentando sobreviver — e ainda tentava. Já tinha sido apalpada, agarrada, insultada, diminuída, assediada, mas aquele era outro nível de agressão.

Apesar do trauma monstruoso, tive que voltar ao trabalho e terminar de filmar *Fantasmas*, já que estava no meio das gravações quando fui a Sundance. Eu interpretava uma garota de 16 anos no filme, mas me sentia com uns cem anos. Estava enojada de Hollywood, mas tinha um contrato e precisava cumpri-lo. Tinha que ouvir o nome daquele porco todos os dias, diversas vezes.

Então, o que eu, uma moça sem poder, podia fazer? Quis mostrar para ele que não estava de acordo com o que ele tinha feito. Mas ainda não tinha dinheiro. Então eu disse ao meu advogado:

— Vou precisar de dinheiro para fazer terapia. E vou precisar de dinheiro para doar a um centro de tratamento de mulheres estupradas.

Meu advogado me conseguiu 100 mil dólares, mas aquele dinheiro parecia sujo, de qualquer modo. Doei a maior parte. Não me trouxe consolo. Era, no entanto, a única maneira que eu tinha de deixar aquele porco sabendo que eu não concordava com o que ele tinha feito.

Comecei a ouvir rumores pela cidade. Coisas aqui e ali. O Monstro estava fazendo minha caveira. Soube que estava ligando para todos os estúdios e produtores independentes da cidade dizendo:

— Não a contratem, ela dá trabalho.

Muitas pessoas souberam o que tinha acontecido. A notícia tinha se espalhado como fogo no palheiro em Hollywood. Um assistente conta a outro, um produtor conta a outro, e assim vai. Parecia que todo tarado de Hollywood sabia do meu momento mais vulnerável. E fui punida por isso. Era como ser agredida várias vezes sem parar.

MORTE DO EU

As pessoas acham que dá para superar uma agressão. O problema do trauma do estupro e da agressão sexual é que o episódio se congela em sua mente como se tivesse acontecido ontem. É muito, muito difícil se livrar disso, porque uma grande parte de você, que estava inteira, foi assassinada. Consegui ter um pouco de paz, mas minha vida está irrevogavelmente amarrada a esse Monstro porque ele roubou algo de mim. Porque o desejo que ele tinha de dominar foi além de meu direito à integridade física, meu direito de ser inteira. A agressão sexual leva embora nossa habilidade de ser quem somos e rouba quem nos tornaríamos. As vítimas ganham um papel que não queriam desempenhar. Meninas crescem morrendo de medo do estupro porque é algo que de fato pode acontecer. Elas ouvem, na aula de educação sexual, como eu ouvi, que é melhor se submeter e aceitar, assim se pode viver. Sim, meu corpo pode estar vivo, mas quem eu era morreu. Sou agora um corpo vivo carregando um espírito morto por aí. E isso pode acontecer sem que o culpado seja punido. Todo mundo quer que nosso desconforto passe para que possam se sentir melhor. Mas e nós? Como fazemos para nos sentir melhor? Quem cuida de nós? Não ousem ensinar às meninas a serem complacentes; ensinem os meninos a não estuprar. Para mim, o estupro não pode ser definido por uma lei escrita por um homem. Como esse homem pode saber o que é estupro? O estupro, para mim, é qualquer violação do meu corpo. Se um homem decide entrar em meu corpo com a língua, os dedos, o pênis ou um objeto sem meu consentimento, para mim isso é estupro e não preciso de lei que me diga o que sei que é verdade.

Eu queria voltar ao antes, quando eu era uma pessoa inteira. Queria voltar a ser uma pessoa forte, mas estava agora em um milhão de pedaços. Não conseguia parar de chorar. Não conseguia acabar com os pesadelos dos quais eu acordava gritando. Não conseguia acabar com Hollywood. Eu só queria sair dali e sumir. Meu corpo continuou tendo *flashbacks*.

A PREMIÈRE

Depois de duas horas sendo transformada na minha versão de boneca de plástico, sou levada, dentro de um carro com ar-condicionado muito forte, para o tapete vermelho. Quando me aproximo, ouço as pessoas na calçada gritando. Meu nível de estresse está no teto. Minhas mãos tremem, minhas pernas tremem. Sei que vou participar de um massacre daqueles ao me abrir e ser perseguida em nível mundial. É assim que acontece, no fim das contas. Não é "Ah, vamos comemorar o início desse projeto no qual trabalhei", e sim ser atacada por malucos da internet por ousar existir.

Sei que as fotos que fizerem de mim hoje serão postadas em sites e revistas idiotas de fofocas. Dirão coisas ruins a meu respeito em todos os fóruns. Sei que isso vai acontecer, mas estou aqui, de qualquer forma. Preparada para posar. Estou enjoada. Detesto tudo isso.

Saio do carro e sorrio, com uma expressão ridícula na cara que fica esquisita nas fotos; às vezes, eu até ria por pura histeria. Tenho que esperar com meu assessor de imprensa pelo sinal de que posso entrar na linha de tiro, também conhecida como tapete vermelho. As celebridades que estão sendo fotografadas são posicionadas de modo a não ficarem na frente das câmeras ao mesmo tempo. Estou tremendo ainda mais por causa dos gritos e do barulho, e consigo sentir os joelhos vacilando e chacoalhando por baixo do vestido desconfortável. É minha vez. Com passinhos contidos — com os saltos já acabando com meus pés, cílios postiços que pesam sempre que pisco e um cabelo volumoso que chega até sabe Deus onde —, caminho até o primeiro fotógrafo. Normalmente, há dezenas e centenas deles, a maioria homens, gritando, vociferando, berrando seu nome o mais alto que conseguem para chamar sua atenção, meu corpo assimilando os gritos como agressão. Um passo, outro passo, mais um passo, três passos para trás, para, mão no quadril, sorriso, flash, repete. Os fotógrafos gritando "Olhando para trás, olhando para trás!", porque assim eles conseguem fotografar tanto meu traseiro quanto meu rosto. Faço o que pedem e me viro. Pronto, agora você tem minha bunda também; fiz meu "trabalho". Essa parte do meu trabalho envolve ser um pedaço de carne que pode ser consumido, invadido e julgado. Que divertido.

Agora, cheguei com sucesso ao fim da fila de fotógrafos e passo para os programas de TV, *como* Entertainment Tonight *e* Extra, *programas que glorificam a banalidade. As câmeras sobem e descem por meu corpo. Eles me pedem para girar e girar de novo, e, por ser uma moça boazinha que passou por uma lavagem cerebral, obedeço. E faço um giro lento, sentindo-me ridícula, sem saber que poderia ter dito não.*

Hollywood acha que isso é normal — eles criaram isso —, mas não é. Simplesmente espalharam essa ideia doentia de beleza ao mundo. E faço parte dessa doença.

Na tela grande, vejo meu nome, vejo meu rosto se movendo, e só consigo olhar para meus dentes. Meu nariz pequeno parece enorme. Eu não sabia que tinha aquela ruga ali. Não sabia que minha voz era tão parecida com a da minha irmã. Ah, merda, lá vem a cena do topless. *Sinto uma vergonha esquisita tomar conta de mim. Não por estar nua, mas por como sou interpretada pelos homens que interpretam.*

VIDA DE CIRCO

Eu estava de saco cheio de trabalhar. Trabalhava para sobreviver desde a infância, em qualquer tipo de trabalho que podia conseguir, e nunca tive um período em que não sentisse aquele tipo de preocupação de revirar o estômago. Quando era pequena, escutava as crianças da escola falarem sobre viagens de férias. Quando entendi o que elas queriam dizer com férias, comecei a pensar em como minhas férias dos sonhos seriam. Decidi que as minhas seriam de uma semana em um hospital onde ninguém pudesse me machucar e eu pudesse comer todo o pudim que quisesse. E era bem isso o que eu queria naquele momento. Pudim e ninguém me machucando.

Meus cachorrinhos-anjos, Bug e Fester, foram meus salvadores nesse período. Eram o motivo pelo qual eu levantava da cama. Tinha que cuidar deles. Não podia me afogar em tristeza.

Eu detestava a vida pós-estupro. Mas havia boas notícias dobrando a esquina, quase literalmente.

Um ano antes daquela reunião, um grandioso astro do rock teve uma ascensão meteórica, e seu nome era Marilyn Manson. Eu não sabia o que estava rolando na cultura pop porque tinha ficado muito absorvida no mundo dos filmes. Sobre Marilyn Manson, me lembro de ter visto algumas fotos dele com maquiagem e pensado *Ele é a pessoa mais feia que já vi*. Mas, ao mesmo tempo, achava que era até legal ele se dispor a ser feio daquele jeito.

Até que, uma noite, eu estava num restaurante absurdo de Nova York, com temática sadomasoquista, vejam que ridículo, no qual você tinha que escolher o tipo de agressão que queria enquanto comesse. O lugar inteiro era escuro de modo que não dava nem para saber o que estávamos comendo, o que, por ser uma virginiana criteriosa, era algo que eu não curtia. Ceder o controle em troca de comida parecia tolo e eu estava tentando não rir alto. Algumas pessoas estavam em jaulas, e o garçom disse que eu também podia entrar. Decidi deixá-lo massagear meus pés.

O garçom que massageava meus pés disse para mim:

— Meu amigo Brian está a fim de você.

— Ah, legal.

— Sou de Ohio. A gente se conheceu na minha cidade.

— Ah, legal, que bacana.

— Brian é o Marilyn Manson.

— Ah, o feioso.

Ele se surpreendeu.

— Sim, mas ele é super a fim de você.

— Tá, legal.

Então, pouco tempo depois quando voltei a Los Angeles, certa noite eu estava indo para a exibição de um filme indie chamado *Vidas sem destino*. Estava atrasada, e tive que bater à porta para entrar. Bati de novo e, por fim, um cara que parecia uma mistura de dândi do século XVIII e Ichabod Crane abriu a porta. Eu olhei bem para ele e o reconheci. Era Marilyn Manson. Sorri e disse:

— Oi, soube que você é a fim de mim.

Não o achei feio pessoalmente, achei que ele tinha uma aparência incrivelmente singular. Basicamente, ficamos juntos a partir daquele momento.

Quero deixar registrado que a maneira correta de se referir a ele é Manson. Se alguém chegasse e me perguntasse "Como está Marilyn?", eu sabia de cara que a pessoa não o conhecia. Ou se perguntavam: "Como vai Brian?", fingindo que sabiam quem ele era, porque sabiam seu nome verdadeiro.

Nós nos divertíamos muito. De verdade. Mas, ainda assim, eu sofria de terrores noturnos e distúrbios de estresse pós-traumático. No primeiro ano, Manson me ajudou a melhorar depois do estupro. Eu não contei a ele o que tinha acontecido a principio, mas ele acabou perguntando a uma amiga minha: "O que a Rose tem?" Eu acordava gritando à noite, encharcando os lençóis de suor. Minha amiga contou a verdade, e Manson foi muito gentil comigo. Finalmente, um pouco de gentileza.

Ele era uma pessoa muito compreensiva. Apesar de a imprensa lidar com músicos controversos, como Alice Cooper ou Ozzy Osbourne, e de pessoas razoáveis saberem que tudo era uma performance artística, em Manson elas acreditavam de verdade. Achavam mesmo que ele passava as noites arrancando o couro de cachorrinhos vivos e fervendo todos em bacias de ácido enquanto dizia "Viva, Satã!".

Na verdade, era o oposto. Quando não estava criando música eletrizante, Manson pintava aquarelas de meus boston terrier enquanto eu comprava louça na loja on-line da Martha Stewart. Quando não estávamos na estrada a toda velocidade, nós basicamente nos escondíamos do mundo dentro de casa. Eu estava feliz porque conseguia me esquecer do que tinha acontecido comigo, pelo menos durante o dia.

Ainda assim, as pessoas achavam bizarro que eu estivesse saindo com ele. Quando se assustavam por causa disso, eu pensava: *Mas, para mim, você é bizarro. Esse cara é gentil comigo, está cuidando de mim.* Manson sempre cuidou das minhas necessidades e prestava muita atenção aos detalhes, e nos apaixonamos. Quando parti com o circo de Manson, fiquei três anos e meio sem trabalhar de fato. Tínhamos que nos preocupar com ameaças de morte e de bomba, e com o terror online, mas, pelo menos, eu não tinha que me preocupar com minha próxima refeição, porque tinha economizado um dinheiro dos últimos trabalhos.

Nós nos divertíamos muito e estávamos perdidamente apaixonados, e quem pensa diferente disso está enganado. Foi um relacionamento lendário, não só na imprensa. Foi um relacionamento lendário nos bastidores também. Vivemos coisas incríveis.

Infelizmente, parece que seu empresário, seus colegas de banda e seu amigo reclamão, Billy, diziam a Manson coisas do tipo: "Rose está deixando você mole. Sair com uma atriz está fazendo você parecer um molenga." Desde quando a longa tradição de namoros entre atrizes e astros do rock é algo ruim? Não importa. A inveja masculina é uma coisa estranha e idiota. Manson gosta de pessoas obedientes ao seu redor. Nunca fui obediente.

Eu sabia que haveria sérias repercussões na minha carreira por sair com Manson. As pessoas já não sabiam direito o que pensar de mim porque eu era diferente, porque eu não era "como as outras". Os diretores de elenco me diziam muito isso:

"Você não é como as outras."

Sabe quem era? Uma moça loira como Reese Witherspoon. Então, aparentemente, o homem precisa tomar cuidado para que sua mulher seja uma loira boazinha que nunca ofende ninguém. Nos primeiros cinco meses em que passei com Manson, fui bem discreta porque não queria ser conhecida como um brinquedo dele. Acabei reunindo coragem suficiente e decidi: a gente ama quem a gente ama, e pronto. Eu me preparei, enfrentei, tomei as rédeas do mundo. E, cara... tomei uns golpes. Os retrógrados foram atrás de mim, a imprensa tradicional dava um chilique.

Às vezes, brincar com o público era divertido. Adoro subversão. Tenho um senso de humor e tanto. Hollywood está cheio de megeras nervosas travestidas de homens e mulheres. No fundo não passam de gatinhos medrosos. Têm medo da própria sombra. Têm medo de qualquer coisa diferente, de qualquer coisa única. Manson os aterrorizava. Quando eu via como os produtores reagiam a ele, pensava: *Você está na indústria do entretenimento, qual parte do conceito de entretenimento você não entende?*

Há alguns anos, muito tempo depois de nos separarmos, eu estava num jantar com dez agentes do sexo masculino, da "poderosa" Creative Artists Agency (CAA), uma agência de Hollywood. Se tem algo que eu detesto, são esses caras. Os agentes são idiotas e iludidos a respeito de si mesmos. Fazem listas de pessoas que serão contratadas, pressionadas e descartadas. Um dos agentes (pense num babaca num terno de 3 mil dólares) virou para mim e fez uma das perguntas que mais me incomodam:

— Por que você saía com aquele esquisito do Marilyn?

Antes mesmo que ele conseguisse terminar de fazer a pergunta ofensiva, eu me levantei. Andei até a cabeceira da mesa. Apoiei as mãos sobre ela. Me inclinei para a frente. Olhei cada um deles nos olhos e disse:

— Cavalheiros, deixem-me dizer umas verdades. Quando vocês conseguirem fazer uma criança se sentir menos sozinha, quando conseguirem levar alguém às lágrimas, quando conseguirem fazer alguém sentir, pensar e viver através de vocês por serem criativos, por serem artistas; quando puderem fazer isso, aí poderão discutir por que eu saí com alguém mais criativo em um único fio de cabelo do que vocês conseguirão ser durante todas as suas vidas de merda, com seu sistema de valores fodidos e egos inflados sem nenhum motivo lógico, até onde sei. Sozinhos na escuridão até o fim das suas vidas, vocês serão um terno vazio dentro de um caixão. Não deixarão nada e não serão nada. Boa noite, senhores.

Mantenho minhas palavras.

Apesar de Hollywood ter medo de Manson, é óbvio que ele afetou muitas pessoas de modo profundo. Uma vez, lembro de ter ficado ao lado do palco, observando mais de 350 mil pessoas, um mar de gente, enquanto Manson cantava uma música chamada "Coma White", que é uma canção sobre a minha vida, minha história.

Há algo frio e vazio por trás do sorriso dela.

Sim, sem dúvida havia algo frio e vazio por trás do meu sorriso.

Ela está em uma passarela no meio da sua Miracle Mile.

Eu morava na área de Miracle Mile de Los Angeles quando nos conhecemos.

A música também fala sobre tomar comprimidos para se tornar apático e anestesiado, e que todas as drogas do mundo não salvam a pessoa de si mesma. Na época, eu havia começado a tomar remédios para minha grave depressão e para os ataques de pânico que vieram depois do estupro.

Foi uma sensação única e estranha ouvir todas aquelas pessoas cantando letras que falavam sobre a história da minha vida, apesar de não saberem disso.

Sair em turnê era divertido e fútil ao mesmo tempo, e era especialmente difícil conviver com *groupies*, humilhando-se e permitindo serem usadas pelos caras da banda e da equipe só para poderem ficar mais perto de alguém famoso. Em todos os lugares em que estive com a turnê, havia mulheres fazendo fila para se submeterem a abusos. Era sempre igual. Um dos caras da banda abordava meninas acima do peso, passava a noite toda com elas e as pedia em casamento. Depois, nunca mais ligava e repetia tudo na noite seguinte. Aposto que essas meninas têm histórico de agressões, de serem valorizadas apenas por uma coisa, e acham que por estarem com alguém famoso, ou por um astro do rock lhes dar atenção, sua vida vai mudar. Nessa situação, manter minha atitude em defesa das mulheres foi um certo desafio, mas não abri mão disso. Eu ainda não sabia o bastante para entender que o sistema é imperfeito por causa dos homens.

Também era solitário. Manson e eu ficávamos no fundo do ônibus da turnê assistindo ao *O Grande Lebowski* pela centésima vez, enquanto os outros caras ficavam na parte da frente do ônibus ou no hotel fazendo sabe-se lá o quê. Manson era bem tímido na época, e os caras eram bacanas comigo, mas com certa má vontade e só se Manson estivesse por perto. Ele não se misturava muito com o público, por isso eu não corria o risco de *groupies* virem atrás dele. Mas muitas das fãs me odiavam na internet porque eu ocupava um espaço que elas imaginavam ocupar. Isso inspirava muita ira em relação a mim simplesmente por existir. No lado de Hollywood, havia uns idiotas achando que eu cozinhava gatos e, no lado do público, garotas me odiando por estar com alguém com quem elas fantasiam. Bem divertido.

Eu costumava pensar: *Qual é o lado positivo nisso tudo?* Bem, o lado positivo é que permanecemos juntos. Éramos um time.

E ele realmente fazia um show maravilhoso. Eu adorava dançar ao lado do palco porque a banda arrebentava.

Uma vez, no meu aniversário, Manson me levou para a Itália, no interior da Toscana, onde nasci e fui criada. Eu estava tentando encontrar o celeiro de pedra onde tinha nascido, na propriedade do duque. E ali fomos, Manson, com seus 62kg, 1,88m, vestido de preto, usando sapatos grandes de plataforma que o deixavam com mais de dois metros de altura, parecendo um espantalho com seu chapéu e uma jaqueta de couro, no calor da Toscana, atravessando as colinas comigo, que estava parecendo um ovo de Páscoa esquisito com uma saia cor-de-rosa comprida, camisa amarela, e Petey, seu guarda-costas gigante, acompanhando logo atrás. Estávamos ofegantes, tentando encontrar o celeiro. Em determinado momento, um menininho numa bicicleta pequena passou por nós e gritou com seu sotaque carregado:

— *Ai! Ai*, Marilyn Manson!

Foi surreal e hilário.

Por fim, encontramos o celeiro de pedra. A irmã do duque de Zoagli era a atual dona da propriedade — Rosa Arianna, minha xará. Quando parei na frente da porta, reuni coragem para bater. Ela saiu e começou a gritar comigo em italiano, dizendo para eu sair da propriedade dela, tentando me bater com uma vassoura. Eu ri enquanto corríamos.

Mas encontramos o celeiro onde eu nasci. Fiquei muito emocionada por Manson ter me levado até lá.

*

O primeiro evento ao qual fui com Manson foi uma coisinha de nada, em 1998, chamada MTV Video Music Awards. Na época, todo mundo sintonizava para ver o que as pessoas estavam vestindo e qual seria o momento incrível, além de conferir o que as bandas fariam no palco, quem diria o quê, e quais coisas malucas do mundo da música poderiam acontecer. Era uma época muito especial. Courtney Love e o Hole estavam arrebentando. Manson era o astro mais controverso do mundo. Havia uma arte bacana em desenvolvimento exposta ao público.

Pensando no meu momento no tapete vermelho, refleti: *Manson sempre é muito exibido nesses prêmios. O que posso vestir?* E então, comecei a pensar no que vestiria e em como Hollywood e a imprensa me veriam. E pensei: *Querem saber de uma coisa? Foda-se. Querem me objetificar? Querem ver um corpo? É o que querem? Todos os homens da imprensa, todos os fotógrafos, seus urubus, é isso o que querem ver? Vou mostrar um corpo para vocês, porra.* E foi o que fiz.

Usar o "vestido nu", como o chamo, foi um grande dedo do meio para praticamente todo mundo.

Foi a retomada do meu corpo depois do meu estupro. Eu queria desafiar a imprensa e ver como eles lidariam com isso. Vocês querem que eu seja um pônei de exibição, pois serei.

O infame vestido foi enviado a mim um dia antes do evento. No dia da premiação, eu estava com 38ºC de febre e tomando remédio para sinusite que me deixava meio grogue.

A caminho do evento, tive que ficar de joelhos na limusine, caso contrário, as contas do vestido marcariam meu traseiro, que ficaria parecendo um *waffle*, e ele seria muito exposto às câmeras. Meu coração estava acelerado quando saímos da limusine. Ergui bem o braço e, por dentro, disse: "Sim, desgraçados, estou aqui." Assim que saí do tapete vermelho coloquei uma roupa que me cobria mais.

O vestido causou um alvoroço, o que acredito ter sido minha intenção, de certo modo, mas o que não esperava era o *slut-shaming* que eu sofreria no mundo todo, como aconteceu em seguida. Não imaginei que as pessoas fossem levar aquilo tão a sério. Será que não entendiam nada sobre rebeldia e humor? *É um prêmio de música. Meu vestido era transgressor pra caralho. É pra ser assim.*

Mas é claro que o gesto foi mal interpretado e sexualizado, que era exatamente o contrário da ideia que eu queria passar. Foi nesse ponto que outras mulheres que me copiaram ao longo dos anos erraram — quando elas copiam o vestido, fazem isso para serem sensuais e excitar a sociedade. Eu não fiz aquilo para ser sensual. Fiz com poder, não para excitar nem para seduzir garotos e homens do mundo. Fiz como um grande foda-se, e é essa a diferença.

Acho que foi por isso que se tornou uma coisa tão icônica. Todos os anos, sempre que tem uma premiação, aquela minha foto volta a aparecer. Foi a primeira vez em que fiz algo que virou um escândalo, por assim dizer, mundial. Digo primeira vez porque desde então, já aconteceram outros, mas aquele foi o mais marcante para as pessoas. Durante anos, fui a atriz que usou aquele vestido. Independentemente de qualquer coisa, precisei ter muita coragem para fazer aquilo. Eu estava com medo, mas fiz mesmo assim. Punk pra caralho.

Pelo menos, sei que quando tiver oitenta anos e olhar para a minha história, com certeza não serei identificada como uma pessoa medrosa que não viveu. Sou europeia, não tenho neuras com meu corpo. A sociedade americana puritana humilha quem ousa mostrar qualquer parte de si, *principalmente* quando isso ocorre de um modo não sexual. Quando uma mulher domina o próprio corpo, ela é difamada. Aconteceu comigo por deixar as pessoas desconfortáveis. Desde então, tive que lidar com o *slut-shaming* por ter usado aquele vestido. Eu me arrependi algumas vezes e em outras só pensei *Foda-se*. Hoje em dia, não me arrependo nem um pouco. O corpo é meu: posso fazer o que quiser com ele. Mas fazer parte de uma avalanche de merda da imprensa com certeza é algo muito maluco e não tem como se preparar para isso.

Na época, todos os empresários e os agentes diziam a Manson e para mim:

"Vocês têm que ter um site e analisar o que os fãs querem pelas mensagens que eles deixarem."

Isso foi antes de as pessoas famosas entenderem que isso é perigoso, e que NÃO se deve ler as mensagens de jeito nenhum. É como *O senhor das moscas*. Eles grudam nos indefesos e os derrubam com sua negatividade. Uma parte do que há de pior na humanidade posta mensagens, pessoas ruins com energia ruim. Acho que agora elas estão em todas as plataformas. Não consigo imaginar como são essas pessoas na vida real ou por que têm tanto ódio no coração. Se você é uma delas, saiba que machuca outros seres humanos.

Por isso, mergulhei nos fóruns online e fui fundo. Enfiei um monte de coisas na cabeça que arrasaria a maioria das pessoas. A maioria não aguenta ouvir falar uma coisa ruim que seja a respeito delas, muito menos *bullying* de todas as partes do mundo. Falam sobre seu rosto, seu corpo, seu caráter. A hostilidade e o ódio por mim eram enormes. Quando se lê coisas ruins a seu respeito, é péssimo. Você pode ler trinta elogios, mas vai se lembrar da única crítica ruim. É da natureza humana, certo? Agora, imagine isso multiplicado por milhões. É claro que mexeu com a minha cabeça.

Saiba que, se as pessoas estão dizendo coisas ruins a você e sobre você, dá para aguentar, você vai sobreviver. Se chega a um ponto em que está bem, andando no seu próprio ritmo, você vai passar por isso e se libertar. Prometo que melhora.

Demorei para aprender. Um dia, um suposto amigo me disse para visitar um determinado site, então fiz isso. Era um site dedicado a falar o quanto eu estava gorda. Fiquei chocada. Eram páginas e páginas sobre mim. Em algumas, a cara do meu cachorro era misturada à minha; em outras, eu aparecia em uma cruz com diagramas sobre mim mostrando como eu estava gorda. Era tudo muito bem-feito, e a maluca — sim, foi uma mulher quem criou o site — sabia escrever direitinho, então aquilo ficou na minha cabeça. De algum modo, é mais fácil ignorar as pessoas que escrevem coisas ruins quando mal sabem escrever. Quando elas escrevem bem, dói ainda mais. Foi estranho porque a criadora daquele site adorável usava muita da terminologia que eu tinha usado em minha própria mente quando estava no ápice da anorexia.

Fiquei bem magra de novo depois disso. Enfiei na cabeça que estava gorda e meu distúrbio alimentar havia retornado. Me fodeu. Ao "ouvir" constantemente o quanto se está feia e ver que todas as suas fotos foram retocadas ou photoshopadas, faz você perder a noção de sua aparência. Em determinado momento, pensei: *Devo ser igual ao Quasimodo.*

Ia além da aparência. Eu estava começando a perder toda a noção de quem e do que eu era.

A perseguição continuou. Quando um fracassado chamado Perez Hilton começou a me colocar em seu site super popular (na época), ele foi implacável. Ele me desenhou com pênis saindo da boca e sêmen no rosto todo. Falava coisas horríveis sobre todo mundo, mas principalmente sobre mulheres. Sem dúvida ele é um misógino. Ele chamava Jennifer Aniston de "Maniston", por dizer que ela tinha jeito másculo, e se achava muito profundo. Uau, cara, você é o próximo Oscar Wilde! Veja só você.

Sempre me pergunto se esses montes de lixo, quando terminam o dia de trabalho destruindo outros seres humanos, vão para casa e dizem: "Nossa, que dia difícil tive hoje no trabalho, desenhando paus na cara dos outros. Estou me sentindo ótimo."

Há um ditado, uma estatística meio torta, de que uma carta de fã equivale a cinco mil fãs de verdade, porque só um fã dentro desse número todo vai se dar ao trabalho de parar e escrever uma carta. Então, quando você recebe mil comentários ruins, começa mesmo a questionar a sociedade. Aos seres horrorosos que existem por aí, que reservam tempo para escrever coisas desse tipo: tenham certeza de que vocês contribuem com a tristeza de uma pessoa. Parabéns! Estão mandando muito bem! Sua contribuição ao mundo foi devidamente registrada. Só que não.

Recentemente, entrei no site da National Public Radio (NPR) para ver se os comentários ali seriam de nível mais alto, mais articulados. Não. A maioria era um bando de caras brancos revoltados porque apontei que eles têm privilégios por serem homens. É tão óbvio que chega a ser absurdo que não reconheçam. É inegável, e é a verdade. E mesmo no site da NPR, os *trolls* ainda escrevem errado.

As pessoas dizem que os famosos são adorados, mas não é exatamente assim que funciona, vejo agressões terríveis. Somos apunhalados por ousarmos existir em um palco maior do que o das outras pessoas. Mas por que isso seria um erro da minha parte? Não estou pedindo para ser endeusada. Só estou pedindo respeito por ser alguém cujo único crime é ter visibilidade. Só estamos servindo a vocês. Também existe a ideia difundida de que se alguém tem dinheiro, essa pessoa não deve ter problemas e, assim, não há mal nenhum em destruí-la. Quase todas as pessoas famosas, exceto aquelas que chegam lá por nepotismo, saem de lugares humildes e se esforçaram demais para estar onde estão. Então, dá um tempo, porra.

A fama é como se de repente você se mudasse para a menor cidade do mundo e todos os fofoqueiros se empenhassem para humilhar a menina que eles consideram "diferente". Como em cidades pequenas, os fofoqueiros ficam dentro de casa espiando atrás das cortinas e acompanham todos os movimentos, trocando informações preciosas, como se humilhar os outros fosse algo de valor. "Ela não foi à igreja no domingo. Deve ser uma puta." Ser uma pessoa famosa é a mesma coisa, só que de um jeito muito mais amplo. Se você sonha em ser famoso, pense muito, muito bem, porque, com certeza, não é tão legal na maior parte do tempo. É uma vida difícil para o psicológico. Tem a ver com muito mais do que você sabe e, ao mesmo tempo, é tudo muito sem sentido. Fode com sua cabeça. Lembra quando falei das seitas? Bem, a mentalidade da seita de cidade pequena é a mesma de Hollywood — a única diferença é que Hollywood está enchendo a cabeça dos fofoqueiros da cidade pequena, incutindo neles suas crenças.

Voltando à época que passei com Manson: em abril de 1999, o primeiro tiroteio em massa em uma escola norte-americana tinha acabado de acontecer: a violenta tragédia em Columbine. Dois assassinos no primeiro tiroteio televisionado em uma escola de ensino médio fizeram um massacre. Enquanto tudo acontecia e aqueles pobres alunos eram mantidos reféns, todo mundo só sabia que os dois criminosos estavam usando roupas pretas. A CNN e outras redes de notícias imediatamente começaram a divulgar fotos de Manson, dizendo que os atiradores eram adoradores de Satã e fãs de Marilyn Manson. Tudo enquanto os alunos eram mantidos como reféns.

No manifesto deles, os assassinos escreveram que detestavam Marilyn Manson. Eles o consideravam fraco. Mas, na imprensa, o dano já havia sido causado. A CNN, a Fox, todos esses canais, tentando jogar qualquer lixo na tela por não terem o que transmitir, já que não podiam entrar no prédio da escola, colocaram o rosto de Manson na tela e ele passou a ficar profundamente interligado àquele dia terrivelmente trágico.

Depois de Columbine, Manson começou a receber ameaças de morte e de bomba e, por consequência, eu também. O segurança de Manson, que antes trabalhava meio-período, passou a trabalhar em período integral. O público se tornou assustador de modo geral, e passou a ser evitado. A culpa o desgastou. Tanta hostilidade, ódio, ira.

Sou muito protetora das pessoas com quem estou, e estar com ele quase se tornou uma tarefa de tempo integral. Não me sobrava tempo para pensar em mim, o que era positivo e negativo. Analisando o passado, entendo por que fiz o que fiz. É o que as meninas aprendem desde sempre, a ideia de que a carreira dos homens é mais importante do que a nossa. Eu costumava sair com homens poderosos que tratavam minha carreira como um passatempo, enquanto a deles era para valer. Acho que muitas mulheres fazem isso. Espero que você olhe para a sua vida e reconheça se a estiver diminuindo, porque eu diminuí a minha. Espero que não faça isso. Saiba que seu trabalho é igual, ainda que o salário recebido não seja. Gostaria de ter sido capaz de reconhecer minhas forças antes, mas... ainda não sabia.

No fim, fiquei exausta. O circo que tinha me salvado agora me destruía. Eu estava apaixonada por Manson de verdade, mas não conseguia mais seguir aquele estilo de vida. Estava cansada demais.

Não pedi dinheiro algum a ele. Não levei nada além do que já era meu.

Depois que terminamos, em 2001, Manson foi ao programa de Howard Stern e acabou comigo. Fiquei muito chocada. Eu o chamava de "médico", porque até mesmo quando eu só parecia estar sentindo dor de cabeça, ele perguntava: "Você precisa de aspirina, Tylenol? Você está bem? Posso te ajudar?" Ele era muito preocupado comigo, muito gentil, mas se tornou alguém que precisa se vingar e foi bem ruim, dolorido demais. Ele sempre agia como se fosse diferente, mas, no fim, agiu como um homem cisgênero típico, ou seja, agredindo a mulher sem defesa porque seu ego de macho foi ferido. Buááá. Tadinho do bebê.

Por que os meninos não crescem? Essa atitude causa a nossa morte. Podemos morrer de muitas maneiras, não só no corpo.

Depois do rompimento, ressurgi em Hollywood. Como tinha que ganhar dinheiro, senti como se tivesse que começar uma campanha do tipo: "Viram só, Estados Unidos? Não sou tão assustadora assim!" Tive que fazer isso para sobreviver, afinal, que outro trabalho conseguiria naquele momento? Eu era uma infame famosa. Estava presa. E sabia que estava sendo mal-falada na comunidade por meu estuprador. Então, quais eram minhas opções?

NO SET

Acordo na segunda-feira, às 4h15. É manhã ou noite? Não sei bem, só sei que acordar tão tarde/cedo assim me deixa enjoada. Ontem à noite, decorei todas as minhas falas, cerca de dez páginas de diálogo denso. É tedioso: palavras e mais palavras e mais palavras — todas variando um pouco em relação às do dia anterior —, é difícil lembrar. Sonho que me esqueço de todas as falas e todo mundo fica olhando para mim com expectativa. Sempre me estresso pensando que não vou me lembrar; cada dia que não esqueço é uma vitória enorme. Sem a menor dúvida, tempo é dinheiro nos sets de filmagem e, sempre que erro, sinto o estresse do diretor assistente e dos produtores, o que me deixa mais nervosa; tudo nos pressiona a não fazer besteira.

Dirijo no escuro até o set. Imediatamente passo a ser seguida por um assistente de produção com um walkie talkie *que avisa que cheguei. Ele me segue até o trailer do cabeleireiro e da maquiagem. Eles me seguem o tempo inteiro, os caras com fones de ouvido e rádios — com se eu não conseguisse ir de um lado a outro. Entro no trailer e meus olhos se ajustam às luzes fortes. Os secadores já estão ligados, mas ainda assim consigo ouvir minha companheira de cena falando/gritando com sua voz de bebê. Coloco meus protetores auriculares para bloquear a voz estridente, mas ainda assim consigo ouvi-la grasnar. Odeio gente que fala como bebê, exceto se estiverem falando com um bebê. Minha maquiadora comenta que devo ter dormido bem porque a pele sob meus olhos está inchada. Todos os dias, ela me diz que fico bem melhor quando não durmo. Olho para a minha cara no reflexo e as bolsas embaixo de meus olhos não me parecem tão horríveis, mas se ela diz que estão, devem estar, acho. Detesto sentar e me olhar no espelho. Acho pouco natural ter que olhar para o próprio rosto o tempo todo com olhar crítico. Olho tentando reconhecer a pessoa que me olha, porque é agora que me transformo em outra mulher, não sou mais eu. A voz de bebê ainda está falando e me estremeço. Sou orientada a me sentar na cadeira do cabeleireiro e o secador começa seu trabalho de 45 minutos. Tenho muito cabelo. O penteado que está sendo feito tem que ficar igual ao do dia anterior. Leio minhas falas em meu minirroteiro; sim, elas são tão banais quanto eu me lembrava. Finalmente, minha transformação termina. Analiso o resultado. Voltarei a ser eu mesma em doze horas; até lá, tenho que ser outra pessoa, uma passageira em meu próprio corpo.*

Os atores são engraçados, muitos deles; passamos muito mais tempo morando em trailers do que a maioria das pessoas poderia imaginar. O estilo de vida não é tão glamoroso quanto se imagina. O tédio pode ser opressor.

Nas filmagens, por exemplo. Imagine que na cena você tem que tomar café com um amigo, só vocês dois sentados ali, numa cafeteria. Essa cena com duas pessoas vai levar cerca de quatro horas para ser filmada, ou mais. É preciso mostrar o cenário todo. Depois, você se aproxima. É uma imagem em plano médio, e então vemos nossos heróis. Em seguida, uma imagem em plano médio do ator e depois uma de perto. Depois, a câmera se vira para o outro lado e repete. É muito trabalho. É preciso repetir as palavras sem parar de todos os ângulos possíveis, e é só um take. *Temos que fazer muitos outros* takes *depois desse. Não estou reclamando, estou explicando.*

Começamos a nos cansar muito, muito mesmo às 16h, porque estamos acordados desde 4h30. É preciso memorizar mais coisas para o dia seguinte. O dia termina e voltamos para casa às 19h, num dia bom. Normalmente, voltamos perto das 21h — indicando que ocorre o que se chama giro. Por lei, é preciso haver doze horas de intervalo entre gravações, mas existe algo chamado "chamada forçada", quando podem te fazer voltar depois de um giro de apenas dez horas. É o que normalmente acontece. Agora, temos cerca de uma hora para passarmos acordados fazendo nossas coisas. Olhamos as falas de novo antes de dormir, lavamos o rosto, apagamos, acordamos, começamos tudo de novo.

VIDA TELEVISIONADA

Eu estava na Romênia quando recebi um telefonema de Aaron Spelling, um lendário produtor de TV, famoso por uma série de programas de enorme sucesso, como *O barco do amor* e *Dinastia*, além de *Barrados no baile*. Ele me falou sobre um programa chamado *Charmed*, que estava no ar havia três temporadas; era sobre bruxas boazinhas que ajudavam a proteger o mundo da maldade. Uma grande mudança de elenco tinha acontecido. Shannen Doherty, a protagonista, estava saindo do seriado e eles estavam criando um novo personagem. Eu aceitaria um papel na televisão? Eu não sabia o que era o programa, mas fiquei curiosa. No voo para casa, o episódio-piloto estava disponível para assistirmos. Nunca vi a série disponível durante um voo até então, só naquele. Parecia coisa do destino. Eu estava à procura de um sinal, e lá estava ele. Achei o episódio-piloto bem bacana, por isso concordei em me encontrar com o produtor para conversarmos. Era bom ser procurada depois de tanta rejeição e sabendo que estava sendo difamada pelo meu Monstro onipresente.

O escritório do chefão na Wilshire Boulevard em Los Angeles parecia um campo de futebol de carpete grosso, fofo e branco. Tão grosso que eu nem conseguia ver meus saltos. Um homem baixinho, provavelmente de 1,50m estava sentado à uma mesa grande, acompanhado de seu mordomo. Era o lendário Aaron Spelling. Era uma loucura porque eu costumava assistir a *Dinastia* com minha mãe quando era criança, e agora estava ali com o todo-poderoso. O mordomo levou ao sr. Spelling uma taça grande de Gatorade azul com um canudo dobrável em uma bandeja de prata. Sempre vou me lembrar daquilo. Imaginei a conversa com Spelling: *Gosto de canudos dobráveis*. Adorei isso.

Ele era gentil. Não antipatizei com ele. Na verdade, até o achei fofo. No tempo todo em que passei na reunião, fiquei imaginando Spelling com cabelo azul, como os daquele bonequinho duende. Era o que eu fazia com frequência para não ficar nervosa.

Comecei a falar e notei que o sr. Spelling olhava para mim como se eu fosse meio alienígena, assim como alguns dos outros executivos presentes na reunião. Isso sempre acontecia em todos os lugares aonde eu ia em Hollywood. Acho que era porque meu jeito de falar e minha aparência eram bem diferentes. O que significava que eu parecia uma maluca, mas não falava como se fosse doida. As pessoas em Hollywood e no mundo da imprensa não sabiam bem o que pensar de mim. Em vez de me verem como artista e mente pensante, me colocavam na categoria "bad girl". Aparentemente, não conseguiam entender nem uma porra de palavra que eu dizia porque eram muito idiotas. Um tédio. Eu sou a pessoa impaciente mais paciente do mundo.

Eu não tinha problemas em ser conhecida como rebelde, mas o fato de o mundo todo condenar alguém por ser uma menina má acaba entrando na mente dessa pessoa. Além disso, a coisa do "você é ruim" acionava o que meu pai me dizia na infância e fazia aquelas lembranças ecoarem na minha cabeça. O velho medo de ficar sem casa, de ser impotente, começou a voltar. Eu tinha medo da televisão porque tinha ouvido que o trabalho era pesado, e eu não sabia nada sobre aquele mundo. Mal via TV. Mas era um emprego. Uma greve de atores em Hollywood estava prestes a acontecer. Eu sabia que talvez não aparecesse trabalho pelos próximos dois anos.

Comecei a pensar seriamente em fazer o programa.

A difamação da qual fui alvo nos estúdios ainda pairava sobre mim. Eu me sentia agredida por muitas pessoas da indústria saberem sobre meu trauma e ainda assim apoiarem meu agressor. Tinha se passado muito tempo desde meu último trabalho em Hollywood, e eu só tinha 28 anos. Me lembro de ter me sentido envergonhada no meu aniversário porque a *Entertainment Tonight* anunciou minha idade. Eu senti vergonha. Isso dá uma ideia de como minha cabeça era problemática. As mensagens passadas pela sociedade, pela imprensa e pelas ideias enviesadas de Hollywood giram ao redor da idade. Antes, eu pensava que isso acontecia porque as jovens eram mais bonitas, mas percebo que é porque uma jovem costuma ser mais boazinha, normalmente mais fácil de manipular e de ser levada a fazer o que o homem quer, na sociedade e individualmente. Uma grande merda. É engraçado que quando ganhamos poder como mulheres é exatamente quando somos consideradas não atraentes. São eles que não são atraentes.

Então, aceitei fazer *Charmed*. Falaram para mim que não iria além de duas temporadas, então seria melhor que eu assinasse um contrato padrão de cinco anos. Eu deveria ter percebido que era do interesse financeiro de outras pessoas fazer isso, mas não necessariamente do meu. Todo mundo esperava que eu mantivesse o programa no ar e conseguisse atingir o maior objetivo financeiro deles, o Santo Graal conhecido como distribuição. Isso é uma enorme pressão para alguém que só tinha feito filmes indie. Eu tinha que pensar no emprego dos 150 funcionários da equipe. Pode acreditar, isso guiou muitas de minhas decisões. Nos cinco anos seguintes, eu fui mais minha personagem, Paige Matthews, do que eu mesma.

Paige Matthews era meia-irmã das Halliwell: Phoebe, interpretada por Alyssa Milano, e Piper, interpretada por Holly Marie Combs. Eu já conhecia um pouco Alyssa Milano por seu sitcom *Who's the Boss?*, do qual era fã quando criança. Fiquei meio surpresa por me ver em um mundo no qual estávamos juntas, pois éramos totalmente diferentes. Ela, criada como uma atriz de sucesso e eu, a esquisita. Poderia ter surgido um drama no set, mas eu me recusava a fazer parte disso. A imprensa salivava pensando em histórias cabeludas para as revistas de fofoca geradas nas nossas gravações, mas me recusei a lhes dar isso. Meu interesse no trabalho era puramente mercenário, por isso escolhi não brigar nem me meter em conflitos ali dentro. Eu me recusava a fazer joguinhos baixos, o que não impedia que todos nos observassem constantemente. Perdi a conta de quantas vezes me perguntaram se as jovens bruxas andavam juntas depois do trabalho. A resposta era não. Eu tentava passar sozinha a única hora livre que me sobrava quando voltava para casa à noite.

Canalizei meus esforços para interpretar Paige, uma personagem adorável, mas muito fictícia. Uma menina que se tornou mulher no programa. Enquanto isso, meu próprio desenvolvimento como mulher foi retardado.

Vivi muitos acontecimentos importantes na ficção, mas não na vida real. Meu "primeiro" casamento foi uma experiência muito metalinguagem. Entrei na igreja e fui até o altar com um pai falso, com amigos falsos, com irmãs falsas, com um noivo falso, um pastor falso: tudo muito falso, falso, falso. Senti as emoções como se de fato estivessem acontecendo comigo, porque, afinal, é isso o que a interpretação exige. Foi especialmente esquisito fingir um acontecimento da vida que nos é vendido como um momento grandioso — "o dia mais importante da vida de uma mulher". Não necessariamente concordo que o dia do casamento deva ser o maior acontecimento da vida, mas o fato de ele ter acontecido primeiro na ficção me roubou algo. Ao todo, eu me casei de mentira três vezes antes de meu casamento "de verdade". Quando aconteceu, eu estava repetindo uma cena emotiva que eu já tinha interpretado. A sua diversão tem um preço para nós, atores. Você precisa saber disso e valorizar.

Quando entrei no programa, pensava muito sobre o psicológico do público. Eu, com toda minha infâmia e sem ser a queridinha da vez, tive que entrar depois de a personagem adorada de Shannen Doherty ser morta sem qualquer cerimônia. Eu não interpretaria o papel dela, mas, ainda assim, eu era alguém novo com quem os fãs tinham que criar uma relação. Já tinham me dito que muitos programas não sobrevivem a uma grande mudança de elenco. Eu sabia que minhas chances de ser bem-sucedida ali eram pequenas. As pessoas tinham que se apaixonar pela minha personagem o mais rápido possível ou a série acabaria. Eu pensava que a equipe era grande e que todos ficariam sem emprego se eu fracassasse. Então, adotei uma aparência muito inofensiva. Ganhei peso, cerca de cinco quilos, para o papel. Queria parecer bem tranquila e boazinha. Um tédio.

Foi emitido um decreto pelo estúdio de que nenhuma de nós podia cortar ou pintar os cabelos sem permissão do presidente do estúdio. Achei aquilo uma babaquice. Quando estava prestes a voltar para a segunda temporada do programa, pintei os cabelos de vermelho sem pedir permissão. Nossa! O estúdio ficou sabendo e enlouqueceu, claro. Ficaram furiosos e exigiram saber como eu esperava que eles explicassem aquilo. Eu disse: "É um programa sobre magia. Simplesmente digam que eu estava fazendo uma poção e que ela explodiu na minha cara! Meus cabelos ficaram vermelhos! Gostei, por isso deixei assim." Isso se tornou o primeiro diálogo da temporada, quase literalmente, entre mim e o personagem Leo. Só é preciso usar um pouco de criatividade, mas os estúdios raramente conseguem.

Houve mais uma comoção no set de gravação quando Holly Marie Combs cortou a franja. O estúdio temia que as pessoas não a reconhecessem. Acham que vocês, o público, são idiotas. Se um personagem mudar a aparência de alguma maneira, o público não vai saber quem está aparecendo na tela. Gostaria que os telespectadores fossem mosquinhas para ouvir o que executivos e produtores de estúdios falam sobre eles. Podem acreditar, vocês são considerados ovelhinhas incapazes de pensar.

Eu mesma quase me tornei uma ovelhinha, estava enlouquecendo. Dia após dia, mês após mês, ano após ano, o espaço em minha mente foi corroído pelo diálogo maçante, que era só um pouco diferente do diálogo do episódio anterior. De oito a dez páginas por dia. Eu tinha a mesma conversa que tivera no episódio uma semana antes, mas com atores um pouco diferentes. Seria possível alternar qualquer coisa que eu dissesse em quase qualquer episódio com qualquer outro episódio. Foi essa a parte que me deixou maluca. Era uma prisão intelectual. Eu estava começando a perder o controle da minha sanidade. E me sentia muito solitária.

Às vezes, para me divertir, eu saía do set de gravação no fim do dia com sangue falso ainda no rosto ou um ferimento enorme, e passava no mercado a caminho de casa. Fazia isso para testar o público, para ver como reagiam a uma mulher ferida. Ninguém perguntava se eu precisava de ajuda. Nunca perguntaram. As pessoas só evitavam olhar para mim, olhavam para o chão. Isso me fez entender muito bem a invisibilidade de uma mulher que sofre agressões. Recado à sociedade: você sempre deve perguntar se uma mulher precisa de ajuda se achar que ela foi agredida. Faça a coisa certa. Tenha coragem e seja forte.

Sempre gostei de realizar experimentos sociais. Acho que era minha maneira de me manter sã e divertir minha mente, que estava atrofiando naquela época. Sentia minha capacidade intelectual morrendo não sabia o que fazer. Estava cansada demais, solitária demais e triste demais para fazer qualquer coisa a respeito.

Eu fazia questão de não me envolver em políticas sem sentido no set. Acho que, às vezes, quando as pessoas são mimadas, elas gostam de criar drama — assim, sentem que tem alguma coisa acontecendo, rolando. Mas eu havia passado por dramas de verdade, problemas reais. Eu me recusava a criar problemas que não existiam para dar à minha vida uma sensação falsa de importância.

Só uma diretora foi contratada nos cinco anos que passei ali, e a equipe acabou com ela. Era um programa sobre três jovens e eles nunca, durante o tempo que estive ali, tinham contratado uma mulher para essa função. Mas a maior parte dos homens da equipe, e acredito que nem sequer percebiam o que estava fazendo, tiravam a autoridade dela. Riam de modo desrespeitoso quando ela os dirigia. Não acredito que fosse um ambiente de trabalho agradável. Sinto-me péssima por não ter brigado mais por ela, mas não entendia tanto a dinâmica do que estava acontecendo. Minha personagem estava ocupada demais conversando com duendes para ter tempo para isso.

Sempre, durante aquele programa, que eu dizia gostar muito de um diretor — se fosse alguém de fora da bolha de homens medianos e brancos de Spelling, o que era muito raro, a pessoa não voltava. Quando eu dizia detestar alguém, essa pessoa voltava. Tivemos um diretor com quem eu estava muito animada para trabalhar, até conhecê-lo. Quando ele apareceu para nos dirigir, eu estava no meu quarto, ou talvez quinto ano no programa, que já podia se dirigir sozinho. Era uma máquina bem lubrificada.

Então, no primeiro ensaio do dia, depois de andar de um ponto a outro, saí pela direita. Não é uma decisão muito importante, e o novo diretor não havia dito se deveríamos sair pela esquerda ou pela direita. Mas ele explodiu. E gritou:

— Sua idiota. Não passe na frente da minha câmera. NÃO PASSE NA FRENTE DA MINHA CÂMERA.

Ele continuou gritando. Deu um verdadeiro chilique. Sua voz reverberava pelas paredes. Eu fiquei em choque. Ele não parava de gritar e depois começou a me xingar. Puta. Burra. Puta.

Isso foi exatamente um ou dois minutos depois de nos cumprimentarmos de manhã. Era 7h30. Ninguém o calou. Nenhuma pessoa da equipe, quase toda formada por homens, nenhum produtor, nem o assistente do diretor. Homens com quem eu trabalhava havia anos. Por quê? Porque o diretor, ainda que estivesse ali há meia hora, era um homem e eu era uma mulher.

Eu fiquei pensando: *Olha só, eu nem te conheço, caralho. Você está na minha casa. Mas ainda assim se sente tão à vontade em seu espaço nesse firmamento de diretores que vai fazer isso comigo?* Eu disse aos produtores:

— Nunca mais vou trabalhar com esse homem de novo.

Eles me garantiram que nunca mais permitiriam que ele me agredisse verbalmente.

Adivinhem quem voltou dois meses depois? Esse foi só um exemplo dos diretores gritalhões que tive que aguentar. Hollywood é conhecida por homens que gritam e que humilham, e a agressão deles é tolerada. Nunca vi nem ouvi um ator ser agredido em um set de gravação. Está na hora de as pessoas em qualquer ambiente de trabalho fazerem o possível quando outro estiver sendo perseguido ou aterrorizado; está na hora de defender quem está perto. Caso contrário você será criticado, exposto e passará vergonha.

Foi só mais um exemplo de um homem saindo impune. Você consegue imaginar o que é, na primeira hora do primeiro dia de um novo chefe, ele gritar com você na frente de todo mundo e ninguém intervir? Talvez consiga. Espero que não, por você. Não existe desculpa para agressão. Nunca. Ser agredida com gritos é algo que o corpo absorve e é perturbador e traumático. Mas sabe como é, você volta a vestir a saia curta e a dizer suas falas, mocinha, "porque você é uma atriz, então é melhor aguentar".

Sim, em outras indústrias, há gritos, mas entenda: em Hollywood há zero supervisão federal.

É difícil ligar o senhorzinho gentil que conheci — Aaron Spelling — a todas as décadas de mídia sexista que ele produziu e mostrou ao mundo. O crédito dessa mídia sexista também vai para as pessoas com as quais ele convivia: os executivos, todos homens; os roteiristas, a maioria, homens; o autor, homem. Em um programa de protagonistas mulheres, claro. O que tornava o sexismo no set de gravação ainda mais irritante era o fato de o programa ser conduzido por mulheres e feito para um público feminino. Porque eles sabem como entrar na mente dos jovens, com certeza. Existe uma revolta compreensível contra a escalação de atores brancos para interpretar papéis que no material-fonte deveriam ser de negros, por que não existe uma revolta contra homens que querem contar histórias de mulheres? Deveria, porque homens não fazem isso direito. Fazem tudo de modo razoável e tanto eu quanto o público, tenho certeza, estamos cansados disso.

Durante o segundo ano de *Charmed*, decidi fazer hipnoterapia. Eu achava os dias repetitivos tão diferentes do meu ritmo natural que ficava doente o tempo todo. E, em alguns momentos, era um ambiente muito estressante. Comecei a ter ataques de pânico devido a tudo que estava engolindo. Filmávamos em um lugar chamado Woodland Hills. Só de ver a palavra "wood" bastava para que meu coração se acelerasse e minhas mãos suassem. Eu ficava doente cerca de quatro ou cinco vezes por temporada. Gravávamos 22 ou 23 episódios. Para uma hora de transmissão para a TV, é o equivalente a gravar metade de um longa metragem em oito dias. O ritmo era pesado. Por dois anos seguidos tive febre de 39°C e era jogada dentro de latas enormes de lixo, em cenas de ação, sempre nos dias em que estava pior. Foi a única vez em que me permiti sentir pena de mim mesma. Por um lado, ser durona comigo mesma durante toda a vida acabou me prejudicando um pouco no longo prazo. A exaustão era real e séria. Doze a 16 horas por dia por cinco anos sem parar em um ambiente de lava, seca e repete, diferente de qualquer outro que eu conhecia. Era como estar em uma fábrica, como se trabalhasse em uma linha de produção.

Um dia, três dos produtores de *Charmed* foram ao meu trailer para me informar que meu único amigo no set de filmagens, Sam, tinha sido demitido depois de ser pego fumando maconha em um ônibus escolar do set. Sam era bacana, diferente dos outros membros da equipe de Spelling, com seus *dreads* e sorriso sincero. Fiquei bem triste porque ele era o único que eu sentia ser como eu. Mas disse a mim mesma que tinha sido melhor assim, porque a alma dele precisava ser livre. Não consegui evitar um sorriso quando perguntei aos produtores:

— Então, se eu fumar maconha no set, vocês vão me demitir? Posso ser livre?

A resposta deles tirou meu sorriso.

— Vamos tirar sua renda para sempre, independentemente de onde estiver. Tiraremos seu dinheiro, vamos acabar com você, e nunca mais vai conseguir trabalhar.

E disseram isso tudo bem sérios porque não estavam de brincadeira. Porra. Esse meu desvio por Hollywood me levou pelo caminho errado. Encontrei uma galera perigosa. Só que a galera era composta por homens brancos e ricos em estúdios de gravação, não num beco escuro.

É bem assustador ouvir homens dizerem que você vai ser punida de modo tão severo que nunca mais vai voltar a ser contratada. Mas a maioria das pessoas age assim em Hollywood. "Não saia da linha, mocinha. Podemos escolher a que virá depois de você." Há um fluxo constante de jovens mulheres prejudicadas em Hollywood.

Se estiver lendo este livro por causa de *Charmed*, obrigada por ser fã do programa e da minha personagem. Respeito e valorizo você. Sei que o programa levou alegria a muitas pessoas. Eu era feliz por ser útil. Fico feliz por algo de bom ter saído do que, para mim, foi uma época muito difícil. Quando digo algo negativo a respeito do show, entenda que estou falando da minha experiência pessoal. Não Paige Matthews, minha personagem, mas eu, Rose. Mas sempre dá para encontrar coisas boas na maioria das situações e, assim, é no que procuro me concentrar. Sinto orgulho de muitas coisas daquela fase. Por muito tempo, *Charmed* foi — e ainda pode ser que seja — o programa de uma hora liderado por mulheres mais longevo da história. Gostaria que recebêssemos mais crédito por isso, pois é importante.

Em 2006, quando *Charmed* chegou ao fim, voltei a um mundo diferente na imprensa. Quando deixei a sociedade cinco anos antes para fazer o programa, a cultura de celebridades era diferente. Durante esse período os sites de fofocas sobre celebridade passaram a dominar. Os *paparazzi* ficaram muito agressivos. As revistas de fofoca enlouqueceram lucrando com as atitudes de Lindsay Lohan e com os problemas de Britney Spears. E quem era conhecido era assombrado, não só pelos *paparazzi*, mas pelo público em geral. Todo desconhecido com um celular em mãos se tornou um informante em potencial. Pela primeira vez, as pessoas começaram a postar onde estavam os famosos, o que eles estavam dizendo e fazendo. Todo mundo dava notícias sobre qualquer pessoa famosa e não dava para saber onde o inimigo estava, porque não eram mais os *paparazzi* nem os jornalistas de colunas de fofoca. Era todo mundo. Eu fui forçada a levar uma vida sem dizer nada e sem fazer nada, caso contrário, poderia ser tida como uma "bad girl". A maioria dos famosos estava tão aterrorizada com as pessoas dizendo coisas mentirosas que se escondia. Pelo menos, foi o que eu fiz.

Fiquei abalada com a nova ordem mundial da imprensa. Não havia o Instagram, onde podíamos falar por nós mesmos, então se mentiras e bobagens fossem escritas, eram consideradas fatos. E nossa, como escreveram bobagens sobre mim!

Mesmo em um lugar que deveria ser seguro — meu ambiente de trabalho —, eu me sentia caçada e objetificada. Ir e voltar do set de gravação da Paramount era estressante; havia um ônibus comprido no caminho, cheio de turistas, todos apontando ao mesmo tempo e tirando fotos minhas. Era mais ou menos assim: "Ali está o ator em seu habitat natural. Por favor, não alimente o ator." Ser alvo da câmera do caçador era algo que me deixava muito fragilizada.

Decidi sair dos Estados Unidos por um tempo, acreditando que a caça seria menos implacável. Certa vez, um grupo de turistas alemães me perseguiu dentro do Vaticano. Eu não deveria estar no Vaticano naquele dia, estava me sentindo muito mal, mas queria muito conhecer. Me enfiei nas construções antigas de pedra tentando escapar e, por fim, a multidão me alcançou. Fui encurralada. Encostei na parede e me lembro de ter pensado: *Estamos no Vaticano. Ver a arte de Michelangelo não é mais importante do que ver alguém da televisão?* Eu estava suando, assustada. Fui empurrada quando alguém apareceu no meio da multidão, e pensei que fosse para me ajudar. Mas um homem puxou meu cabelo e arrancou alguns fios. Gritei e o empurrei, mas não me deixaram sair de dentro do círculo. Quando me cercaram, pareciam uma matilha de cães raivosos. Não conseguia ver o rosto deles porque estavam com as câmeras apontadas para mim, e os flashes me cegavam. Só conseguia ver mãos enquanto era empurrada de um lado a outro, com círculos brancos onde deveriam estar o rosto das pessoas. Parecia que eu estava sendo devorada viva.

As pessoas precisam respeitar os limites. Só porque você vê alguém e *tem a impressão de* que a conhece, NÃO quer dizer que pode perturbá-la ou tocá-la. A pessoa que você acha que conhece te deve a mesma coisa que qualquer outro ser humano, que não é nada além de educação. Por isso, tenha educação e respeito, não cerque, não agarre, não segure, não empurre. Seja civilizado e receberá civilidade em troca.

O que vivi naquela multidão de "fãs" foi traumático e agressivo. Fiquei com uma falha no couro cabeludo onde meu cabelo foi puxado. Situações assim aconteciam com frequência.

A fama é algo que muitas pessoas querem, mas na realidade é algo difícil de se entender. Muitas pessoas dizem "você ganhou dinheiro", como se dinheiro fosse sinônimo de felicidade. Como se fosse sinônimo de segurança. Como se fosse sinônimo de paz. Eu também diria para você não achar que seus valores são os meus. Quando terminei *Charmed*, minha então assessora de imprensa disse:

— Se precisar sair de casa e tiver uma câmera em algum lugar, é melhor chamar alguém para te vestir e fazer sua maquiagem.

Não mostre seu estilo de jeito nenhum. Não vá ao mercado como uma pessoa qualquer, vestindo o que quer vestir. Não use a mesma roupa mais de uma vez, como qualquer ser humano faz.

Assessores de imprensa de Hollywood, que dizem o que você deve ter e que cobram cerca de 6 mil dólares por mês, dizem como agir, ser, falar — como reagir à imprensa. Manipulam com a ajuda do medo e da ameaça: "Ai, a produtora vai ficar bem chateada se você não disser tal coisa." Eles são uma parte essencial da máquina que mantém você na linha. O problema é que você está pagando para que eles fodam com sua cabeça.

Nas épocas clássicas de Hollywood, os assessores de imprensa eram as pessoas que encobriam o que os astros faziam. Agora, os astros não fazem muita coisa, não como antes, porque já foram treinados para não fazer nada. De jeito nenhum o público pode descobrir que você é um ser humano.

Então, depois de *Charmed*, minha assessora de imprensa muito cara disse que eu precisava de um *stylist* muito caro. Eu deveria ter perguntado: *Por que estou pagando alguém para colocar em mim a ideia dele a respeito do que eu sou? Eu não tinha um* stylist *na minha época pré-*Charmed, *e acho que me virei bem... O que mudou?* Mas minha mente fora afetada por tanto tempo que eu não tinha mais noção de muita coisa.

Quando um *stylist* é pago para criar um *look* para você, o objetivo principal dele é fazer com que você fique atraente para os homens. É uma ideia muito estereotipada do que é sexy, do que é ser bonita e "pegável". Mas não é legal e, minha nossa, como *stylists* me deixavam horrorosa. Eles me deixavam parecendo uma coisa esquisita e plastificada. E eu pagava uma nota para ficar assim.

O mais bizarro a respeito da indústria é: você foi descoberta por ser única. Eles fazem o máximo possível para acabar com o que havia de especial em você quando foi descoberta, não muito diferente do que a sociedade tradicional costuma fazer com as crianças. Quando fui descoberta, tinha características únicas e meu próprio estilo; no fim da carreira, eu tinha cabelo de Barbie e cara de candidata de concurso de beleza. E toda foto minha era tratada no Photoshop. Enquanto isso, todo mundo na internet dizia que eu estava bem feia. Aí, eu ia trabalhar e interpretava outras pessoas. É preciso ter muito controle emocional para ficar em um estágio de seminegação e conseguir sobreviver. As coisas anormais se tornam o normal, o que é normal cai.

E foi assim que me perdi de mim mesma. Comprei a primeira obra de arte "importante" no ápice da minha "fama". A obra traz uma mulher que se parece com um fantasma, que representava como eu me sentia na época. Simplesmente perdida atrás daquela névoa de objetificação e incompreensão.

Eu estava perdida de mim mesma, terrivelmente perdida.

DESTRUIÇÃO

Uma noite em Cannes, fui a uma festa usando o vestido vermelho de renda mais lindo da Dolce & Gabbana. Uma enorme e glamorosa festa na qual eu não conhecia ninguém. Acabei sentada em um sofá sozinha porque costumo ficar tímida em multidões. Vi um homem sentado no outro sofá, também sozinho. Ele estava usando um terno e um chapéu de caubói pretos. Nós dois ficamos ali por algum tempo, dois solitários em uma festa.

Há alguns momentos dos quais você se arrepende pelo resto da vida. Este foi um deles.

Acho que fiz uma piada sobre sermos dois engomadinhos fracassados sentados sozinhos em uma festa, e rimos. Começamos a conversar, e percebi que ele era um diretor famoso. Nossa, como ele era bonito. Tinha feito muitos filmes importantes e na época estava no ápice da carreira.

Ele disse:

— Venha se sentar ao meu lado no sofá.

Respondi com sinceridade:

— Não, não quero ser vista como uma atriz babando ovo de um diretor.

Mais ou menos como uma seita, em Hollywood você não deve conversar com alguém cujo status é mais alto do que o seu. E, apesar de eu ser uma estrela de uma série de muito sucesso na TV, tinha que ficar atenta para não ser chamada de atriz/puta.

Ele perguntou minha idade e enrolei. Acho que disse que tinha 28 anos. Eu tinha 31, na época. Já estava bem condicionada à vida de Hollywood. A questão é que sempre interpretava papéis de moças mais jovens, pelo menos cinco anos mais novas, o que aumentava minha ideia desajustada a respeito do envelhecimento. Você fez algo errado! Você viveu! E começa a se sentir mais maluca conforme cada aniversário passa.

Para mim, era Medo, com M maiúsculo. Medo do futuro. No fundo, eu estava com medo de onde estaria na vida em qualquer idade que ainda não tinha. Fui tão prejudicada pela "seita das ideias" de Hollywood que canalizei meu medo em tentar controlar o processo de envelhecimento. Quis me congelar no tempo. Como tantos outros em Hollywood. E não era só a minha cabeça que me mandava fazer isso; eram os maquiadores, cabeleireiros, estilistas, agentes, empresários, todo mundo... Querem que você continue jovem o máximo de tempo possível para que possam ganhar mais dinheiro com você. Meu lado mulher/ser humano já tem problemas relacionados com a idade com os quais lidar, mas meu lado atriz tinha uma empresa multibilionária construída sobre seu rosto e corpo. Pessoas dependem do seu rosto para botar comida na mesa e pagar financiamentos. As mulheres, de modo geral, ouvem a imprensa inteira dizer que não devem envelhecer, mas, aos olhos do público, somos abordadas por pessoas que supostamente podem nos congelar e somos incentivadas a isso. E temos dinheiro para isso. E normalmente nos odiamos; nossas fotos são tão manipuladas quanto nossas mentes. Recebemos a mensagem de que não somos suficientes um milhão de vezes. Somos vendidas para vocês, o público, como algo a ser invejado, nossa aparência faz com que vocês nos amem e nos odeiem. Na longa tradição de Hollywood, uma das mensagens é: "Você não gostaria de se parecer conosco?" Pelo menos até exagerarmos nos consertos estéticos — e então vocês começam a rir e a tirar sarro da nossa cara. Uma atriz passa muito mais tempo na frente de um espelho do que é saudável; ter que analisar tudo em seu rosto para saber se ele pode ser visto pelo mundo inteiro não é saudável, de jeito nenhum; fazer seus dentes ficarem em destaque não é saudável. Porra, tudo isso acaba com uma pessoa. Eu sei porque acabou comigo. Há motivos pelos quais as atrizes exageram; para mim, era como automutilação. Eu detestava aquilo no que tinha me transformado, e queria destruí-lo.

Durante quatro anos, não tive contato com quase ninguém além das pessoas do set de gravação de *Charmed*. Eu não estava muito bem da cabeça. Não me conhecia mais. Tinha perdido meu epicentro. Estava sem rumo. Era um ótimo alvo para agressões, mas não sabia disso ainda.

Naquela noite, na festa no sul da França, eu não sabia nada sobre aquele diretor, só que ele tinha dirigido aqueles filmes. Depois de um tempo, me aproximei e me sentei ao lado dele. Nós demos bem no mesmo instante. Havia algo no ar naquela noite.

Aquele homem se tornaria o relacionamento mais importante da minha vida depois do relacionamento que tive com meu pai. E, mais tarde, ele superaria até mesmo meu pai na questão da crueldade. Mas eu ainda não sabia disso.

Um dia antes de conhecê-lo, peguei o avião com destino à França. Estava entediada, e a senhora sentada ao meu lado me deu uma revista feminina. Tive um flashback da época em que lia aquelas revistas para ver o que as mulheres adultas faziam. Na revista, havia um teste: "Que tipo de homem você quer?" Fiz o teste e o resultado foi que eu queria alguém aventureiro, engraçado, muito inteligente, etc. Bacana.

Quando conheci aquele homem, pensei que ele fosse todas essas coisas. O que não percebi é que os testes seriam muito melhores se perguntassem o que você NÃO quer em um parceiro. Porque há muitas, muitas coisas que eu nem sabia que não queria. Como o teste, eu sempre tinha pensado mais no que eu queria. Saber o que você não quer é mais importante, porque a realidade é que raramente sonhamos tão alto; ao saber quais são os seus "nãos", você chega aos "sins", e o sim é maior do que você pode imaginar. Para mim, teria sido bom desviar dos controladores, manipuladores e agressivos.

Nossa relação começou muito platonicamente. Ele me disse que era casado, mas que não estava feliz. Que vinha de uma família muito tradicional na qual ninguém nunca tinha se divorciado. Passava a noite acordado, trabalhando, e dormia durante o dia, quando a esposa vivia a vida dela. Disse que moravam em casas separadas em um condomínio enorme no Texas e que se separariam quando os filhos crescessem. No fim, era a mesma ladainha que homens casados sempre contam, como um disco arranhado. Eu não sabia disso na época. Acreditei nele. E minha parte perdida se apaixonou.

Ele me atraiu instantaneamente. Eu o achava lindo. Outra coisa que me atraía nele era que ele tinha uma maneira muito infantil de analisar o mundo. Eu nunca tivera aquilo e fiquei fascinada.

RR me disse que eu era a mulher mais linda que ele já tinha visto. Não conseguia acreditar que eu fosse tão esperta e engraçada. Ele não sabia que as mulheres sabiam ser engraçadas. Não acreditava que eu era atriz. Me disse que eu era muito especial. Era muito gratificante que alguém me enxergasse, ou pelo menos pensei que assim fosse, por características positivas além de minha aparência, não por ser o clichê de uma atriz: exibida, fútil, burra, todas as coisas que muitas atrizes, principalmente as aspirantes, são acusadas de ser e que, às vezes, são. Quando alguém diz "atriz" em Los Angeles, as pessoas reviram os olhos. Eu sentia vergonha da minha profissão — queria que ele me visse como alguém do nível dele. Fiquei muito desesperada para provar que eu não era nada parecida com as outras, porque ele me disse que considerava todo mundo em Hollywood muito ruim. Mas o mal está em todos os lugares, e só porque ele não morava lá não significava que não se beneficiasse de Hollywood e da permissão dada aos homens para se comportarem de maneira terrível.

Aquele homem de chapéu de caubói me passou a ideia de que seu estilo de vida era superior ao meu: ele disse ter levado uma vida pura sem nunca ter usado drogas e nunca ter se acabado em festas ou vivido perigosamente, e por isso se encontrava numa situação tão bem-sucedida tão cedo. Acreditei nele. Na minha cabeça, a carreira dele era muito mais importante do que a minha; com certeza, o mundo o valorizava muito mais. Minha carreira era só algo que eu fazia, algo do que, para ser sincera, eu me envergonhava. Recentemente me dei conta de que a poderosa sempre fui eu. Mas a maioria dos homens poderosos não ajuda você a enxergar isso. A carreira deles é para valer. A sua é só um passatempo.

Durante três semanas depois de Cannes, RR e eu não nos falamos. Então, um dia, mandei um SMS para ele, e ele respondeu exatamente no mesmo instante. Isso, a partir daquele momento, passou a ser algo que fazíamos sempre. Parecia um sinal de que estávamos incrível e profundamente conectados. Ele me enviava uma camiseta dele, com seu cheiro nela, guardada dentro de um saco tipo *ziplock*, e eu devolvia uma minha. Ficamos perdidamente apaixonados. Foi emocionante, e muito mais interessante do que só fingir — aquilo era para ser a vida real.

Por favor, preste atenção: quando alguém tenta se enfiar em sua vida muito rapidamente e se apressa em dizer que te ama, veja isso como um grande sinal de alerta. E, por mais que você seja o que você quer escutar, por mais que deseje ser vista *de ver-*

dade, por mais que esteja carente e esperando por isso, saiba que, com frequência, é esse tipo de homem que se vira contra você.

Quando RR revelou sua verdadeira identidade, eu estava tão apaixonada que não consegui me ajustar ao que estava acontecendo. Ele foi incrível comigo no começo, um cavalheiro, e eu achava que devia ter sido minha culpa, que devia ter feito algo errado para que ele se tornasse cruel e parasse de me respeitar. Não. Ele tinha planejado isso desde o começo, consciente ou inconscientemente.

Descobri que quando alguém diz que ama você rápido demais, quando lhe enche de atenção e quer morar junto, é uma armadilha. Saiba que um homem assim normalmente quer ser seu dono e controlá-la para poder se sentir poderoso e importante. Saiba que as coisas vão mudar. Tente ver os sinais de alerta e os pontos que merecem atenção porque existem muitos, e as mulheres costumam ignorá-los. Eu não vi o que era mais que óbvio — entende? Não é só a sociedade que nos engana, mas nós mesmas também. Precisamos proteger as meninas desse tipo de situação dizendo desde o nascimento que elas valem tanto quanto os meninos. Eu queria ter sabido disso antes. Que nossas carreiras e nossos empregos importam da mesma maneira, que temos muito potencial e poder dentro de nós — quando não dez vezes mais. Se criássemos nossas meninas direito e não enchêssemos a cabeça delas com casamentos de contos de fada e príncipes encantados, com conselhos de revistas de beleza ensinando o que um homem quer e como agradá-lo e prendê-lo, muitas meninas não se apaixonariam por homens perigosos, não se meteriam em situações perigosas.

Poderíamos salvar muitas vidas. Quanto a mim, nunca tinha me apaixonado tão perdidamente daquela maneira, sem controle. Eu ainda tinha uma temporada para gravar de *Charmed* e me irritava o fato de o trabalho impedir que passássemos mais tempo juntos. Estávamos muito envolvidos e eu o via como meu namorado, meu amigo, minha vida. Estávamos obcecados um pelo outro.

Nós nos encontrávamos em minha casa espanhola, onde nos escondíamos dos *paparazzi*, dos fãs, do mundo. Naquela época, eu não conseguia ir a lugar algum sem ser seguida, filmada, vigiada. Vivia em minha bolha antes de conhecê-lo, por isso foi fácil manter o que acontecia entre nós dentro da minha casa. Ele se preocupava muito com sua imagem e adorava ser conhecido como o cara que estava casado. Um dos meus maiores arrependimentos na vida foi não compreender o dano que estávamos nos causando, não compreender o prejuízo colateral, não compreender o prejuízo a mim mesma.

A esposa e os filhos dele estavam no Texas, bem longe, e era fácil para mim ignorá-los, assim como ele fazia. Eu não falava do relacionamento deles. Nem ele. Na minha cabeça, aquilo nem existia. Eu não queria saber. Acreditei em tudo. Ele dizia que tinha saído de casa, mas aí voltava para a esposa. Dizia que tinha se casado aos 19 anos, quando era jovem demais para tomar decisões. Pelo modo como falava, parecia que a única coisa que o mantinha com ela era o fato de ninguém em sua família católica ter se divorciado, e eu pensava: *Você só precisa ser corajoso. Por que viver uma vida infeliz?* Isso foi muito egoísta da minha parte. Mas, por outro lado, acho que ele estava feliz traindo a esposa.

Mas o meu verdadeiro eu não estava muito presente naquela época. Sentia medo o tempo todo. Medo de que ele fosse embora, medo de que o homem por quem eu havia esperado por tanto tempo partisse. Eu não fazia ideia do que precisava. Que nojo. Eu era uma pessoa carente e problemática, e me sentia completa com o amor dele brilhando sobre mim. Sinto vergonha de tudo isso agora. Há uma velha canção que diz: "Procurando amor em todos os lugares errados". Pois é, resume bem.

Descobri tarde demais que ter uma relação secreta é algo perfeito para um manipulador. Ele me incentivava a perder contato com todos os meus amigos, não que eu tivesse muitos em Los Angeles, e também com a minha família. Ninguém podia saber sobre nós. Simplesmente desapareci do mundo, ainda mais do que já tinha desaparecido quando *Charmed* ocupava a minha vida.

Aquele relacionamento tinha todas as características dos relacionamentos da minha mãe. E eu me achava tããããão diferente. Não, pior do que não ser diferente: eu era um clichê. Queria poder voltar no tempo e sair dali, não me envolver e não ferir outras pessoas. Mas não, eu passaria cinco anos e meio mergulhada em abuso psicológico.

Alguns meses depois do início do nosso relacionamento, ele me disse que estava escrevendo o papel de protagonista para mim em seu próximo filme, que seria em parceria com Quentin Tarantino. Ambos haviam crescido nos anos 1970 vendo filmes *pulp*, chamados *grindhouse movies*, que eram exibidos no cinema em sessões duplas. Eram exibidos juntos com trailers falsos no meio, como arte. Eles eram melhores amigos e animados como pinto no lixo. O filme de RR se chamaria *Planeta Terror*, que, pensando bem, é um título perfeito para grande parte da minha vida com ele, e o de Tarantino *À prova de morte*. Eles eram bastante erotizados, mas no que diz respeito à filmes de exploração da figura feminina, fizeram uma arte muito boa; punks e bizarros. Mas sim, a objetificação estava em alta. Assim como a agressão às mulheres, tanto na realidade quanto simbolicamente.

RR começou a visitar o set de gravação de *Charmed* nos estúdios da Paramount e nos encontrávamos no meu trailer. As pessoas viam, mas como ele era o diretor-roteirista que tinha começado a escrever um papel para mim, não havia problema em sermos vistos em público.

Eu me arrependo e publicamente peço desculpas por minha participação nisso. Carrego um arrependimento enorme pela dor e pelo sofrimento que causei. Além disso, o que não deixa de ser importante, poderia ter poupado quatro anos da minha vida, de tanta dor e mágoa. Minha cabeça não estava boa.

Como já fiz com tantas outras pessoas, contei a RR, logo no início de nosso relacionamento, na primeira ou na segunda noite em que nos vimos, sobre a agressão sofrida em Sundance. Eu ainda tinha pesadelos, acordava suando e gritando, e ainda estava tremendo por ter visto meu Monstro em um evento beneficente do amfAR. Eu me sentei ao lado do Monstro naquele evento. Conheci RR naquela mesma noite. Eu ainda estava em choque. RR, claro, disse a coisa que todo macho diz:

— Vou encher ele de porrada.

É claro que ele não fez isso, e nunca faria: RR era um falso durão, como a maioria dos agressores. Mas eu ainda não sabia. Acreditei nele e ansiei pelo dia em que meu agressor levaria uma surra.

Estava muito animada com *Planeta Terror*, por alguns motivos. Primeiro, porque parecia ser um filme bacana, e segundo, porque eu queria voltar a atuar pela porta dos fundos, de modo que o Porco Monstro não pudesse me sabotar. Achava que estaria protegida se fizesse um filme de Rodriguez ou Tarantino. Não teria mais como ser prejudicada por difamação. Finalmente poderia trabalhar num nível que se adequava aos meus interesses e gostos. Durante anos, desejei um maior desenvolvimento mental, me afastando de vários papéis e de experiências por causa de um Suíno incansável e amargurado. Por falar em suíno, no fim das contas, Tarantino sabia de meu "acordo" com o Porco Monstro antes de eu ser escalada para o *À prova de morte*. Um filme para o qual ele me testou três vezes. Na primeira vez em que o vi, e anos depois disso, sempre que ele me via, dizia:

— Rose! Tenho seu filme *Um crime entre amigas em disc laser!* Não sei dizer quantas vezes usei aquela cena em que você pinta as unhas dos pés! Seus pés aparecem em close e seu rosto está borrado. Eu a usei muitas vezes!

Deixe-me explicar o que Tarantino está dizendo *de fato*:

"Tenho seu filme *Um crime entre amigas em disc laser!*": ele se deu ao trabalho de comprar um item para colecionar, pagou pelo menos dez dólares a mais pelo disc laser.

"Não sei dizer quantas vezes usei aquela cena em que você pinta as unhas dos pés!": Tarantino é conhecido por seu fetiche por pés. Para ele, ver um pé descalço é o equivalente a alguém que gosta de seios se excitar com mamilos.

Quer dizer que Tarantino pagou mais do que o normal para se masturbar olhando para meus pés e repetiu isso para mim em alto e bom tom, muitas vezes, durante anos, na frente de um monte de pessoas. Eu deveria vibrar por ele ter ejaculado seu maldito--sêmen-de-ouro, que claramente é melhor do que todos os outros sêmens do mundo, para mim, logo euzinha? Está na hora de os homens perceberem que o sêmen deles não é tudo isso.

RR disse que ele seria meu salvador na indústria dos filmes, e eu acreditei. Ele era meu protetor com chapéu de caubói. Enfiava na minha cabeça, sem parar, que eu tinha muita sorte por estar com ele. Fico arrasada em saber que tinha a ideia tão arraigada do homem como salvador. Mas quem acreditava nisso? Eu, membro perdido da seita de Hollywood.

RR era muito ciumento, o que, no começo, como a maioria das mulheres, eu achava lisonjeiro. Tirei minha blusa, certa noite, para mostrar para ele meu novo sutiã e ele perguntou:

— Que mensagem você está querendo passar com esse sutiã?

Fiquei paralisada.

— O quê? Do que você está falando? Estou usando um debaixo de um suéter de gola rolê.

— Você está passando uma mensagem para os homens com esse sutiã.

— Oi? Não, não estou.

Uma briga enorme seguida de lágrimas aconteceu enquanto eu tentava provar que não estava tentando levar nenhum homem para a cama com aquele sutiã.

Se ele visse uma foto antiga na qual eu aparecia com um ex-namorado, ou se ouvisse qualquer coisa relacionada a um deles, entrava num estado de ira tamanho que acabava fazendo algo muito inteligente, como jogar o laptop pela janela. Claro que, por causa da imprensa, ele sabia com quem eu tinha saído no passado e ficava louco.

Quando ficava bravo, seus olhos ficavam pretos, com olheiras. Como os do meu pai. Ele é um cara grande com ombros largos e, quando ficava irado, era mais do que intimidador; era aterrorizante. Quando tinha um acesso de raiva, eu tinha a impressão de que meu cabelo estava sendo soprado para trás com a intensidade de sua ira. Passei por isso muitas vezes. Passei a me retrair mais para evitar explosões de fúria.

Tornou-se um ciclo constante: ser acusada de pecados imaginários e ser obrigada a apagar incêndios constantemente para que ele não estourasse comigo. É assim que é. Você começa a esconder parte de seu passado, fazendo de tudo para provar que não é aquilo de que está sendo acusada.

A gente entra em modo de reação. O agressor faz isso para desestabilizá-la e você começa a reagir em todo excesso ou explosão, ou se sempre é pressionada e quer evitar isso, começa a monitorar suas palavras, a monitorar tudo, esperando que fotos suas ao lado de um cara de seu passado não surjam porque sua vida vai virar um inferno.

Ele sabia ser muito, muito mau e muito prejudicial. Algo que ele dizia para mim várias vezes era:

— Eu te peguei no seu ápice.

Eu te peguei no seu ápice. Isso significava que ele havia me conquistado na idade perfeita da beleza. Isso é muito nojento e muito prejudicial para o cérebro de uma mulher. Me enchia de ansiedade e pânico em relação à velhice, sabendo que não ficaria em meu "ápice" por muito tempo, que deveria fazer tudo o que pudesse para continuar sendo perfeita daquele modo. Porque se não fosse perfeita, o que seria?

Logo se tornou normal me sentir estressada o tempo todo, porque eu ainda estava muito apaixonada. E de maneira intermitente, RR fazia as pazes comigo, claro, e era incrível por um dia. Eu via a pureza de sua alma, aquela coisa iluminada e mágica, e queria prendê-la como se fosse um vagalume. Mas o vagalume se transformou em Godzilla e cuspiu fogo em mim.

Quando RR me pediu em casamento, o que era um absurdo sem nome, eu não soube o que fazer. Só conseguia pensar *Não me peça em casamento no Texas, eu odeio o Texas. Não quero ter essa lembrança daqui*, mas ele me pediu em casamento lá. E eu disse sim por não saber como dizer não.

Minha principal reação foi pensar que não queria ferir os sentimentos dele. Não sabia dizer não porque nunca vi isso na cultura popular. Praticamente nunca vemos uma mulher recusando um pedido de casamento. Só vemos moças indo à loucura, felicíssimas por alguém querer se casar com elas. Um homem me escolheu. Oba!

Eu acho que o modo como são educadas é uma maldição para meninas e mulheres. E *Dawn*, o curta que eu dirigi, era sobre isso. Minha orientação ao protagonista do filme foi apenas:

— É como se ela fosse um rato e você, a cobra. Você vai hipnotizá-la de modo que ela sequer entenda o que está acontecendo, e vai fazer isso confundindo a mente dela.

Homens fizeram isso comigo e Hollywood também. É o que fazemos com as meninas. Nós a mandamos para o mundo com educação, a armadilha que mantém nossas mãos atadas nas costas. E então, encontramos os lobos. Isso nos mata. Eu li sobre uma garota cujo vizinho sempre oferecia ajuda para carregar as sacolas, o que ela sempre recusava, e ele a acusou de ser o tipo de garota que recusava ajuda. Por fim, ela aceitou e, claro, acabou sendo agredida. É isso o que a educação faz.

De qualquer modo, eu disse sim a RR, apesar de não nos imaginar casados. Eu ainda o amava. A imprensa enlouqueceu com o noivado, claro. Perez Hilton, o fofoqueiro maldoso, começou a escrever "PUTA" na minha cara todo dia, mas não na de RR.

Estávamos morando no castelo dele — é verdade, ele havia comprado uma casa que tinha sido transformada em castelo pelo dono anterior, uma antiga torre de água, embelezada com torres e tudo. RR encomendara uma pintura minha para o teto acima da escada. Eu estava nua. É bem esquisito ver sua versão nua, de 1,80m na parede. Fui retratada ali, no meu ápice.

Ele fazia joguinhos psicológicos cada vez mais cruéis. Eu lhe disse que sempre me imaginara tendo uma filhinha a quem daria o nome de Cherry Darling. Eu nunca tinha me imaginado tendo um filho com ele ou com outra pessoa em especial, mas a filha era real o suficiente em minha mente a ponto de eu escrever cartas para ela, coisas que ela poderia ler, escritas por mim, quando ela fosse maior. E RR disse:

— Vou dar o nome de Cherry Darling para a personagem que estou escrevendo para você. Desse jeito, você não poderá ter uma filha com outro homem e usar esse nome. Ela é o nosso bebê. Vai existir para sempre. É o filho que estamos fazendo.

Aquele deveria ter sido o limite. O fato de ele usar aquele nome para a personagem era uma forma séria de furto. Porque ele tinha razão: depois daquilo, nunca conseguiria dar à minha filha o nome de Cherry Darling.

Por mais confusa que eu estivesse, o papel de Cherry Darling estava sendo moldado e ficando incrível. Um dia, logo cedo, ele me ligou e disse:

— Uma perna de metralhadora. Isso mesmo. Uma das pernas dela é uma arma.

— Legal, boa ideia! — respondi.

Eu realmente adorava a imaginação dele. O papel foi escrito para mim, com muitas coisas que eu dizia e fazia e muitos trechos que eram frases minhas. Acho que aquela foi sua personagem mais bem-construída, que não estava ali só para ser sensual. Mesmo assim, na realidade, Cherry era mais fantasia sexual do que ser humano: bem, ela era uma dançarina, uma *go-go dancer*. Mas lutei por Cherry. Cherry, na verdade, salva o mundo.

A metade de Tarantino no *grindhouse* foi *À prova de morte*, um filme sobre carros incríveis e mulheres morrendo de formas horríveis.

O que acontece com as mulheres no filme dele é perturbador. Hollywood se sente muito à vontade em aceitar agressões às mulheres e chamar de arte. Acho que a maioria das pessoas não entende que, quando as plateias consomem essas coisas, são condicionadas à lavagem cerebral. Aprendem a ver as mulheres num sentido objetificado. O veneno se espalha pelo público. O público vai para casa e espelha aquele comportamento. E digo mais: o que acontece nos bastidores também chega a vocês.

Observo isso quando vemos como as mulheres são tratadas em cena. Dá para perceber o que o diretor não pensa sobre elas, de fato. Dá para ver que ele não as valoriza. Tarantino sempre foi elogiado por ter personagens femininas fortes, mas eu gostaria de apontar pelo que elas passam. Ele as surra por diversão. Sim, vimos Zoe Bell, Tracie Thoms e Rosario Dawson arrebentando, mas veja o que outras mulheres sofreram. A filha de Sidney Poitier, chamada Sydney Poitier, interpretou uma personagem chamada Jungle Julia. Tarantino sempre a pressionou por não ser muito despachada. Foi muito vergonhoso. Ela morre quando um carro divide sua vagina ao meio, com a perna arrancada voando pela janela. Outra mulher tem o rosto atingido por um pneu. Enquanto filmava a cena de morte de minha personagem, Pam, fui torturada no carro e tive que bater meu rosto no acrílico. O que as personagens dos filmes de Tarantino ganham em termos de força, pagam na brutalidade. E mais uma vez, tudo bem, são só mulheres.

Eu queria muito que a Pam de *À prova de morte* fosse bem diferente da Cherry de *Planeta Terror*. Eu queria que ela se parecesse com uma criatura angelical, porque sabia que ela sofreria muito e morreria de um jeito violento e terrível. Eu pensava: *Se conseguir fazer com que pareça angelical, posso fazer o público sentir algo por ela antes de ela morrer.*

A filmagem começou e o pesadelo também. Eu estava gravando *Charmed* durante o dia em Los Angeles na metade da semana, e ia para o Texas para filmar *Planeta Terror* à noite, na outra metade. Foi mais perto do fim da série, quase cinco anos trabalhando direto, de 12 a 16 horas por dia, como disse antes. Eu estava exausta, acabada. Mas RR sempre falava que detestava atores que reclamavam nas gravações. Então, eu nunca reclamava. Mas deveria. A agenda era cruel. Eu me enfiava no avião para voltar na segunda pela manhã às 6h, depois de filmar a noite toda de domingo, e chegava sempre atrasada no aeroporto. Quando chegava em Los Angeles, tinha que ir depressa para os estúdios da Paramount e ser outra pessoa, aquela personagem totalmente diferente, Paige. Meu cérebro já estava começando a falhar de tão fragilizado.

Cherry quase não usava roupas no filme, por isso precisei passar muito spray bronzeador; era como se pelo menos alguma coisa me cobrisse. Usávamos um spray aerossol para a perna. Ele foi recomendado a mim por alguns amigos que fazem show de *drag queen*. Só que o produto gruda na pele e não sai de jeito nenhum. Eu provavelmente vou acabar tendo alguma doença maluca, porque no espaço pequeno do meu trailer, todos os dias eu e o maquiador cobríamos meu corpo nu com aquilo. Usávamos uma lata por dia — e as latas eram grandes. E como estávamos no Texas, um lugar muito úmido, o produto nunca secava. Eu deixava marcas laranjas por onde passava. Entrava no avião para Los Angeles com meu bronze falso e um pacote de lenços umedecidos, e esfregava a pele. Tinha que ficar clara de novo para Paige. Parecia que eu estava me desfazendo.

Filmávamos *Planeta Terror* à noite, a noite toda. RR trabalhava mais ou menos com a mesma equipe todas as vezes, por isso eles o conheciam bem. Eles me encaravam, já que eu era a pessoa de fora, e todo mundo sabia que estávamos juntos. E a esposa dele — de quem ele agora estava oficialmente separado — era a produtora. Aquilo parecia cruel e incomum para todos os envolvidos. Acho que era uma forma de tortura psicológica para nós duas.

A campanha de terror de RR começou na primeira noite de filmagens. O personagem que Freddy Rodriguez (sem parentesco) interpretava se chama El Wray ("o rei", em espanhol), que agora também é o nome da emissora de RR, El Rey. O personagem El Wray era uma representação do próprio RR. Há uma cena em que El Wray e Cherry (Freddy e eu) nos beijamos. Durante uma semana antes da gravação da cena, RR misteriosamente deixou que sua barba crescesse. Não disse para mim nem para ninguém no set o que estava acontecendo. Quando chegou o dia de fazer a cena, RR tirou todo mundo do set, menos eu e ele. Normalmente isso não acontece quando é só um beijo. Ele pegou um espelho e fez a barba para que ficasse exatamente como a de Freddy Rodriguez, mirou a câmera num close superfechado apenas de nossos lábios, e me beijou na gravação. Tudo isso para que Freddy não me beijasse. Então, RR raspou toda a barba logo depois. Estava barbeado quando abriu o set de novo. Claro que ninguém disse nada do tipo: "Que merda esquisita. Que porra é essa?"

A esquisitice não parou aí. RR havia escalado as sobrinhas como "as gêmeas baby-sitters" — as personagens sequer ganharam nomes. A câmera sobe e desce pelo corpo delas, exibindo os seios, sexualizando-as. Acho que tinham 15 ou 16 anos na época. Na cena, as duas estão deitadas no sofá e balançam os seios uma da outra com os pés. O *tio* delas as dirigiu fazendo aquilo. Esses caras não se importam com o tamanho do dano que causam às mulheres. Sentem-se em seu direito. Fiquei enojada, mas não tinha distanciamento da indústria, muito menos de RR, para organizar tudo isso sozinha. Só sabia que estava bem desconfortável com aquilo e que ninguém dizia ser errado, mas parecia.

Mas o pior ainda estava por vir. Sabendo o que tinha acontecido com o Monstro, RR escreveu uma cena na qual Quentin tenta estuprar minha personagem. Eu nem sequer sabia como expressar o quão errado era aquilo, então não o fiz. Será que RR pensou que seria catártico para mim? Mas gostei bastante de acertar Quentin Tarantino no olho com a perna de madeira quebrada. Mas o estupro como recurso de enredo precisa acabar. Para começo de conversa é preguiça de desenvolver a história: há muitas outras maneiras de fortalecer uma personagem para incentivá-la a agir. Pior: é exploração. Pior ainda: é reviver um trauma, no caso de mulheres que já foram agredidas ou estupradas, e é prejudicial à atriz, que tem que fingir viver aquele momento de horror enquanto o câmera está em cima dela tentando fazer com que os telespectadores pensem: *Essa mulher é gostosa*. É quase impossível não sentir que a agressão é real.

Pouco tempo depois do início das filmagens, histórias mal contadas começaram a surgir a respeito de RR e eu; de que tínhamos acabado de nos conhecer nos sets e de que transávamos no trailer. Essas fofocas corriam em sites nojentos, como Perez Hilton e *E!* e em jornais, como o *New York Post*. RR sempre gritava comigo e acusava meus amigos de vazarem essas histórias à imprensa. Mas eu não tinha amigo nenhum. Ele tinha me isolado de todos, incluindo minha família.

Claro que a imprensa julgou a mim, não a ele.

As gravações eram fisicamente desgastantes. Eu me esforçava, mas RR me pressionava ainda mais, como forma de castigo. Eu tinha que correr mais do que todo mundo, apesar de estar usando botas com saltos de dez centímetros em uma perna e um gesso de três quilos na outra, substituindo a metralhadora. Meu corpo nunca mais voltou a ser como era.

Numa cena, eu tinha que saltar um muro do tamanho de um andar e meio. Fui erguida por cabos de aço grossos, mas tinha que correr o mais rápido que pudesse (de saltos e com gesso) para chegar a um determinado ponto e conseguir "voar". Quando alcancei o topo do muro grande de cimento, tinha que ficar na vertical, com os braços abertos, e depois na horizontal, de barriga para baixo, perfeitamente paralela ao asfalto embaixo de mim, e passar os braços por aqueles cabos, caso contrário, seriam decepados. E foi o que fiz. Corri e acertei o ponto perfeitamente. Os anos de dança me ajudavam muito em várias coisas que tive que fazer nos meus filmes.

Eu me considero mais durona do que a maioria das pessoas. É meio idiota agora que tenho tantas lesões, mas eu me orgulhava muito por não ser uma atriz que reclamava de tudo. Quando uma das meninas com quem eu trabalhava batia o pé e dizia "Eles não me pagam o suficiente para fazer essa merda", na frente da equipe, queria que o chão se abrisse, porque sentia muita vergonha. Eu pensava: *Você não tem ideia de como é a vida real? Não tem ideia de como as coisas são difíceis lá fora?* Fiquei obcecada em me esforçar demais para provar que não era como os outros. Eu deveria ter me esforçado para me proteger em vez de querer provar qualquer coisa àqueles homens.

RR foi ficando cada vez mais cruel, e cada vez mais maluco. Ele não me deixava dormir mais do que três horas por noite. Certa vez, quando estava em Los Angeles gravando *Charmed*, fui para a minha casa, entrei no meu quarto e dei um grito. Havia um homem na minha cama e ele estava usando um chapéu de caubói. Era um boneco. Acho que RR o colocou ali para me assustar caso eu fosse para casa com um homem. Parecia ser mais uma estratégia da sua campanha de terror, cujo objetivo era me desestabilizar e me deixar sob o controle dele.

Comecei aquele filme pesando 50kg e emagreci até chegar aos 44, e todos os dias ele ficava bravo comigo por estar magra demais, mas eu estava tão estressada que não conseguia comer. Até a água voltava. Minhas costelas estavam saltadas.

Minha única salvação durante aquela época, mais uma vez, foram meus cachorros, Bug e Fester, meus dois gárgulas esquisitos e lindos, sempre comigo no set. Eles faziam mais por mim do que qualquer ser humano. Dormir com meus cães enrolados comigo foi algo que nem RR conseguiu tirar de mim. Aqueles dois seres eram a única salvação nas piores tempestades.

Uma noite, RR entrou em meu trailer furioso, à meia-noite, quando estávamos prestes a "almoçar" — porque começávamos a trabalhar às 16h30 e chegávamos em casa às 8 da manhã. Na minha frente, ele telefonou para Jessica Alba para perguntar se ela poderia me substituir até o fim do filme porque parecia que eu não conseguiria. Foi só para me torturar. Eu não sabia nem se ela estava ao telefone. Eu me sentei e chorei. Ainda não sei se ela estava na linha ou se ele só fingiu falar com ela.

Ele me chocou ao dizer que o trabalho dele era mais difícil do que o do meu irmão — que estava lutando no Afeganistão na época.

Essa pessoa era do tipo que ficava puta quando o peito de frango, que lhe serviam de almoço no set não estava cozido ao seu gosto. RR foi muito mimado na vida. Quando percebi isso, notei que o odiava. Demorei todo aquele tempo e então percebi que era tarde demais. Eu estava presa. Mais uma vez, a exaustão me impedia de pensar direito. Não conseguia ver uma saída.

Mas entenda que se uma atriz disser "O diretor foi um pesadelo comigo nas gravações", as pessoas logo dizem "Talvez ele estivesse tentando fazer você entrar no personagem". Não, minha personagem era a mulher mais forte do mundo. Minha personagem salva o mundo. Aquilo era só uma agressão covarde feita por um homem sedento por poder sem ninguém para enfrentá-lo. Quando ninguém a protege, você para de esperar proteção. Eu comecei a ter a sensação de estar em um mundo revirado, e estava perdendo minha sanidade. Minha saúde mental estava ruindo. Eu não sabia a quem recorrer.

Mas me recusava a deixar o que acontecia nos bastidores afetar meu trabalho. Se o nome da minha filha seria roubado para aquela personagem, eu protegeria minha Cherry de qualquer modo. Apesar do trauma psicológico, da loucura, da falta de sono, da perda de peso, da pressão de todos os lados e de estar totalmente sozinha, sinto orgulho do que fiz. Sinto muito orgulho da personagem que criei. Ser invencível fisicamente, ser vulnerável emocionalmente e ao mesmo tempo sensual não foram coisas fáceis. Se dor e sofrimento fossem categorias do Oscar, eu teria vencido naquele ano.

No set, havia uma cena em que eu tinha que curvar minhas costas por cima de outra atriz. RR ficava repetindo:

— Mais alto, mais alto. O arco não está alto o bastante.

Fazer um jogo de corpo com uma bota de dez centímetros já é bem desafiador, mas com uma das pernas esticada com um gesso pesado é quase impossível. Eu disse que meu braço estava doendo e que eu não conseguia. Ele não parava de me pressionar. Eu tentava muito agradá-lo, meu corpo era a oferta. RR pressionava mais:

— Levante mais as costas.

Usei o resto da força e ouvi um barulho. Senti meu braço, como um cabo em um fosso de elevador, estalar. Senti um calor e meus olhos ficaram marejados. Engoli o choro e terminei a cena. Não sabia naquele momento, mas o estalo que ouvi foi um dano grave ao nervo, que acabaria fazendo com que meu braço dominante ficasse paralisado. Pensei que desmaiaria de tanta dor.

Em vez de ser levada ao hospital, fui levada para fora para gravar a cena seguinte, aquela em que meu namorado morre assassinado. Sim, RR sabia do assassinato de Brett, meu ex-namorado, e tinha escrito uma cena que me colocaria de novo no espaço mental em que estive quando ele morreu. A "arte" estava imitando a vida. Apesar de meu namorado-personagem estar morrendo devido a um pseudo ataque zumbi, tive que reviver as emoções muito reais de ver meu namorado morrer em meus braços.

Meu braço ardia e eu estava morrendo de dor, mas ver o corpo do meu namorado embaixo de mim, coberto com sangue cenográfico, e passar pelas emoções da morte... foi bem perturbador, posso garantir. Como ator, você engana as próprias emoções, mexe com elas, traz a dor à tona e então precisa reprimi-la ao som de um "CORTA!". Acredito que a interpretação dramática é uma forma de autoagressão. *Takes* e mais *takes* puxando emoções sombrias e as reprimindo quando a câmera para de funcionar, caso contrário todo mundo da equipe fica desconfortável por sua causa. Chorei até RR dizer "corta" pela última vez. Estava esgotada e morrendo de dor. Não haveria descanso, porque um grupo de nossa equipe tinha que ir à Comic Con, a maior convenção de quadrinhos e filmes do mundo. Eu tinha que ir para fazer uma aparição pública e surpreender os "fãs". Em outras palavras, estar "presente".

Na Comic Con, com meu ombro envolto em um saco enorme de gelo, assinei centenas de pôsteres e permaneci sentada, sorrindo. Meu braço estava pegando fogo. Eu fazia intervalos para chorar no banheiro, mas — e isto é muito emblemático do meu treinamento de Hollywood para "ser uma boa menina" —, quando precisava chorar, eu me levantava e apontava meu rosto para o chão para que minhas lágrimas caíssem no chão e não escorressem por meu rosto. Não podia estragar a maquiagem.

Consegui terminar o filme. Meu braço ficava cada vez mais dolorido. Eu estava perdendo controle dele e a cada dia eu ficava mais parecida com um esqueleto. Eu sempre fora uma pessoa que fazia muitas atividades físicas: luta, boxe, cenas perigosas. Naquele momento, não conseguia segurar um lápis ou um garfo com aquela mão sem gritar de dor, uma dor que só quem sofreu um dano grave do nervo sabe como é — é como um curto-circuito dentro de seu corpo.

O golpe seguinte foi o pior de todos. RR vendeu o filme ao meu Monstro. Sim, o estúdio do Monstro lançaria o filme. Não consigo explicar como foi ser vendida para o homem que havia me estuprado e me marcado para a vida toda. Tive que fazer eventos de lançamento com o Monstro e ver fotos de nós dois juntos, a pata gorda e grande dele me puxando contra seu corpo. No fim das contas, o filme foi um fracasso de bilheteria, acho que principalmente por eles terem feito muito mal a promoção, mas, para ser sincera, fiquei feliz por ter fracassado. Fiquei feliz porque aqueles homens não ganhariam dinheiro às minhas custas.

Tudo estava de cabeça para baixo, do avesso e doido. Coisas absurdas tinham se tornado normais. É o que acontece com relacionamentos abusivos. É o que acontece na seita. E é o que acontece em Hollywood.

Sofrer abusos em Hollywood acaba com a gente, como sabe quem já passou por isso. Primeiro eles conquistam você, dizendo delicadamente coisas como "eu te aceito". Sussurram palavras de amor e dedicação, dizendo que ninguém vai amá-la como eles amam. E é exatamente o que um líder de seita diz. E é o que torna tudo tão perigoso. Enquanto meu braço ainda estava engessado, decidi que estava na hora de fazer uma cirurgia de septo nasal que eu vinha postergando. Eu sofria de sinusite desde a infância e tive muita dificuldade para respirar com a narina direita por anos. Quando fui ao cirurgião otorrinolaringologista, algo deu errado. De algum modo, ao passar por cima de minha cavidade nasal e por baixo do olho direito, um furo foi feito em minha pele. Até hoje não entendo. O médico me disse para ir para casa e que não ficaria nenhuma cicatriz. Fiquei esperando o furo cicatrizar, mas não aconteceu. Depois de uma semana, fui a um cirurgião plástico. Imediatamente, ele realizou uma cirurgia para tornar o furo uma linha fina.

Tive que passar por cirurgia reconstrutiva naquele olho, e então, como o procedimento deixava o olho um pouco mais alto, tive que fazer a mesma coisa no outro para ficar igual, coisa de um milímetro. Contei aos meus assessores o que tinha acontecido e eles me orientaram a dizer que tinha sido um acidente de carro. Analisando o passado, não entendo por que isso era importante, mas aceitei o conselho. E assim, quando a imprensa me perguntava, era o que eu dizia. Antes do acidente de verdade, um *paparazzo* tirou uma foto minha na qual aparecia uma cicatriz embaixo do meu olho. Isso deu início aos rumores sobre uma cirurgia plástica. Eles me colocaram na capa da revista *Star* mostrando a "estética de vida dos ricos e famosos". Fizeram uma montagem de como eu era e de como estava naquele momento. Perez Hilton me colocou em seu site com a pergunta: "Quantos anos ela tem? 65? 75? 85?"

No ano seguinte, fui ao consultório de um médico quatro vezes por semana, levando agulhadas nas laterais da cicatriz para que pudessem desfazer o tecido cicatricial. Fiz sessões de laser para deixar a marca lisa. O trauma foi grande. A dor foi grande. A perseguição foi grande.

Até que certa noite, estourei. Foi uma catarse dentro da banheira. Gritei, chorei. Queria que aquilo tudo tivesse fim. Então saí da água, me sequei e segui em frente.

Eu estava assustada, triste, sofrendo e perdida. Um ponto de ruptura se aproximava.

Dez meses depois de terminarmos de filmar *Planeta Terror*, descobri que estaria na capa da *Rolling Stone*, com Rosario Dawson. Até fiquei animada. Uma capa para a *Rolling Stone* é o Santo Graal para uma atriz. É um marco cultural. Na realidade, acabou sendo o começo do que me tirou da lavagem cerebral de Hollywood e me colocou no caminho da sanidade.

Cheguei, cumprimentei o fotógrafo, que tinha feito fotos minhas antes para o *New York Times*, quando notei que faltava algo.

— Onde está o guarda-roupa?

Ele olhou para mim com timidez.

— Não temos, mas temos uma ótima ideia! Você vai posar com a bunda virada para Rosario, com um cinto de munição ao redor de vocês duas. Não é SENSUAL? Não é genial?

Outro homem ajudando a manifestar a misoginia. Engoli quieta, vesti aquele cinto idiota e fiquei de pé em uma caixa de maçã para que minha bunda ficasse perfeitamente alinhada com a de Rosario (ela é mais alta do que eu). Eles tentaram recriar meu look Cherry Darling, com o cabelo armado e o bronzeado artificial, mas ninguém conseguiria fazer um bronzeado artificial o bastante para eu passar por aquela merda.

Enquanto estava ali, contraindo os lábios, de bunda colada com Rosario, tive uma epifania.

Estava sendo fotografada por um gay que estava me imaginando como ele acha que um homem hétero desejaria me foder, e estava fazendo isso seguindo ordens de um diretor, um hétero, que estava me interpretando com seu cérebro de menininho seguindo ordens do estúdio, de propriedade de outro homem, que me interpretava com base no público — uma multidão invisível de garotos e homens — para o qual querem vender ingressos. O olhar masculino é real, senhoras e senhores, e é profundo.

Eu sabia que tinha que fazer algo a respeito do que havia permitido que minha vida se tornasse. Algo me incomodava sem parar. Eu ouvia um alarme na cabeça, mas não conseguia entender o que ele estava tentando me dizer. Algo precisava mudar, mas eu não sabia como nem o quê.

Então, vi minha capa da *Rolling Stone* na banca. Eu me afastei dela devagar, os olhos arregalados. A mulher da foto não se parecia em nada comigo. Aquele era um momento importante, que deveria marcar o ápice do meu sucesso como atriz, e eu sequer conseguia reconhecer meu rosto. O alarme não parava de soar na minha cabeça. *Acorda, Rose, acorda, Rose.*

Fiquei olhando para a revista, pensando: *Quem é essa pessoa? O que fizeram com você? Foi isso o que aconteceu?* Todos esses anos sendo sexualizada, tudo cristalizado naquela imagem. Existe uma diferença entre ser sexual e ser sexy. Não há nada de errado nisso. Sexualizada é quando os outros fazem mudanças para o benefício deles. Eu tinha participação naquilo. Não dizia não, mas, como muitas mulheres em seitas, não sabia que podia dizer não. Tinha perdido minha voz. Tinha me perdido. Mas meu *eu* tentava me acordar desesperadamente.

PARTE DOIS

DAS CINZAS ÀS CINZAS

Analisando tudo que aconteceu, se eu pudesse mudar algo, seria: ter percebido bem mais cedo que era uma artista. Teria começado a dirigir muito antes. Teria começado a cantar e a escrever muito antes. Gostaria que alguém tivesse me dito algo que me fizesse cair na real, mas, olha, não havia muitos exemplos a seguir. Eu não sabia como me tornar o que poderia ser, porque não existia. E a seita não quer que você conheça seu valor e com certeza não quer que saiba que é livre.

Então, comecei com as coisas pequenas. Voltei a ser fisicamente saudável. Depois, me dediquei a me curar mentalmente. Um longo caminho começava.

Sofro de ciclotimia, o que quer dizer que tenho tendência à depressão, algo que enfrento tomando um estabilizador de humor. Não há nada de vergonhoso nisso. A depressão piorou muito depois do estupro e se tornou algo impossível de ser controlado sem ajuda.

Só estou falando sobre isso para ajudar outras pessoas que também possam sofrer da tristeza maldita, como costumo chamar. O que sei agora é que você não deve ter medo de procurar ajuda médica se tiver problemas de humor. Experimente uma coisa e, se não der certo, parta para outra. Encontrar o tratamento certo é como procurar uma agulha no palheiro, mas pode mudar sua vida. É como quando erguem as cortinas das janelas e você consegue não só enxergar, mas também sentir o sol em sua vida.

Comecei o processo de colocar minha vida nos eixos e de dar as costas à Hollywood. Durante essa fase de cura, pude cuidar do meu relacionamento com meu pai. Ele havia passado alguns anos procurando e consertando as relações com meus irmãos, com minhas irmãs e comigo. Ele não foi perfeito nisso, e nós dois ainda nos sentíamos mais à vontade falando sobre qualquer coisa, menos sobre emoções. Nos aproximávamos mais quando discutíamos política, a guerra no Oriente Médio, sufismo *versus* sunismo, qualquer coisa, menos nossos sentimentos. Ainda driblávamos o passado, mas conseguíamos falar bastante sobre o presente. Ríamos muito também. Ele era uma daquelas pessoas que fazem você se sentir ótima se consegue fazê-lo rir. Seu problema mental estava controlado e fez com que ele se tornasse uma pessoa muito mais fácil de conviver.

Demorei muito para amá-lo e descongelar meu coração, mas, durante o período tardio da minha carreira em Hollywood, ele me mostrou gentileza, e foi um dos poucos no mundo a fazer isso. Ele detestava os homens de Hollywood e como eles me feriram. Eu me sentia bem por ele se importar. Vínhamos de uma família que era muito complicada e prejudicada para que ele voltasse a ser o centro dela, não como o demônio, mas como a luz forte, linda e espirituosa ao redor da qual todos gravitávamos. Ele havia conseguido criar oito filhos a seu modo prejudicial e louco, às vezes mágico, às vezes, infernal.

E então, ele adoeceu. Eu estava com ele em um hospital em Los Angeles quando o médico balançou a cabeça e disse:

— Sinto muito, o senhor tem fibrose pulmonar.

Eu não fazia ideia do que aquilo significava, mas logo soube que era uma sentença de morte. Deram três anos de vida ao meu pai, no máximo. Com essa doença, a cada respiração, nossos pulmões se fissuram e se cicatrizam, e o tecido da cicatriz toma espaço e ocupa as vias aéreas. Então, cada respiração é um passo a mais para morrer sem ar.

É uma doença terrível e uma maneira péssima de morrer. Mata mais pessoas do que o câncer de mama todos os anos e, ainda assim, sabemos muito pouco a seu respeito. Isso porque, por muito tempo, acometia pessoas mais velhas, mas agora tem atingido pessoas cada vez mais jovens. Além disso, trata-se de uma doença idiopática, o que quer dizer que os médicos não fazem ideia do que a causa. No caso de meu pai, acho que foi por ele ter passado anos inalando partículas de tinta.

Ele tinha 58 anos quando recebeu o diagnóstico. Foi uma coisa muito surreal porque ele era o sr. Saudável. Nunca tivera um micro-ondas, nunca comia açúcar refinado. Fazia a dieta mediterrânea antes de ela se difundir, comia tudo orgânico. Colocava nosso cereal em sacos de papel para evitar os sacos plásticos.

Todos os filhos — alguns de nós havíamos planejado matá-lo em algum momento da vida — estavam deitados com ele na cama do hospital quando tomamos a decisão de pôr fim à vida dele desligando o aparelho que o mantinha vivo. Uma estrela linda e complexa se apagava.

Quando meu pai morreu, parecia que nada mais importava. Entrei em um estado de estupor. Passava meus dias assistindo a filmes clássicos e com meus cachorros. Comecei a parar de me desgastar para tentar ser uma mulher durona e passei a ser alguém que não tem medo de ser quem é, de conhecer o próprio valor. Aos poucos, percebi que o processo de cura estava começando a se tornar uma transformação. A minha.

Durante os anos seguintes, me cuidei bem, lentamente fundindo os vários personagens que desempenhei em uma só pessoa. Uma pessoa completa. Eu. Eu era uma garota interrompida e, quando voltei à minha vida rotineira, não sabia onde ficar nem o que fazer. Fiz alguns trabalhos aqui e ali, mas na minha cabeça eu estava saindo do mercado. Estava descobrindo muito sobre o medo e o trauma que minha vida havia me trazido, curando-me fisicamente e aceitando a morte do meu pai. A década dos meus trinta anos foi uma espécie de limpeza. Foram anos passados em estupor. Gostaria de repassá-los. Talvez seja o que estou fazendo agora.

Criada como alguém de fora, depois como fugitiva, depois como cativa e então como uma estrela, uma celebridade, tinha chegado a minha vez de ser eu mesma, apenas um membro da sociedade. Um ser humano maduro. Totalmente eu. Conseguir ser eu mesma do começo ao fim do dia. Sentir o que *eu* quero sentir e não o que está *no roteiro*. Era algo que precisava acontecer havia muito tempo.

Não estou mais disposta a ser parte de algo em que não desejaria que minha mente e minha alma se envolvessem.

Meu amigo Joshua Miller (aquele a quem corrompi aos treze anos), juntamente com seu parceiro, M.A. Fortin, me procuraram nessa época e disseram:

— Está na hora.

Ou seja, estava na hora de eu dirigir meu próprio filme. Eles escreveram um roteiro brilhante para um curta, *Dawn*. Como diretora, me dediquei a fazer uma miniobra de arte. Queria explorar o que acontece com as meninas quando as mandamos para a sociedade treinadas para serem educadas e nada mais. *Dawn* é ambientado em 1961, mas eu sabia que falaria com o público atual. No set, fiquei esperando que meu nervosismo aflorasse como sempre acontecia enquanto eu atuava, mas não aconteceu. Eu era a capitã do barco e sabia muito bem como navegar. Depois de trabalhar em sets de gravação por mais de 57 mil horas, sabia comandar uma equipe e um set, e, mais do que isso, sabia o que queria dizer através de um recurso que amo. Dirigir, para mim, é tão natural quanto respirar. Finalmente eu havia encontrado algo que amo de verdade. Foi muito adequado que minha primeira vez em Sundance depois do estupro tenha sido como diretora do meu *próprio* filme. Em 2014 *Dawn* foi indicado à categoria de Prêmio do Júri, uma honra enorme. Desde então, tem sido o filme que chegou lá.

Exibido no Sundance de Londres e em Hong Kong, percorreu os Estados Unidos em cinemas, foi exibido no Lincoln Center e agora está na plataforma da Criterion Films/TCM, a FilmStruck. Dizer que sinto orgulho de todos os envolvidos é muito pouco. Depois de dirigi-lo, minha confiança como formadora de opinião independente e como artista havia aumentado muito. Estava na hora de usar minha voz. Mas como?

O RENASCER DA FÊNIX

Foi Ashton Kutcher, vejam só, quem fez com que eu me envolvesse com as mídias sociais. Eu nunca o conheci. Ele disse, em alguma entrevista, que o Twitter é a única voz que um ator pode ter de verdade.

E isso me deu um estalo. Comecei devagar no Twitter, aprendendo a mexer e dizendo besteiras, porque é para isso que serve, certo? Eu me divertia. Então, uma noite, meu agente enviou para mim um roteiro da Innovative, uma agência menor em Los Angeles. Eu os usava apenas para trabalho de locução, mas alguém ali teve a brilhante ideia de enviar para mim um roteiro de Adam Sandler. O papel em questão era de uma ex-modelo obcecada com Adam Sandler e que o perseguia. Imaginem eu perseguindo Adam Sandler. Há-há-há. Anexada ao roteiro havia uma carta de apresentação muito humilhante e instruções úteis para o teste. Tirei uma foto e postei no Instagram e no Twitter. Fui para a cama e não pensei mais no assunto.

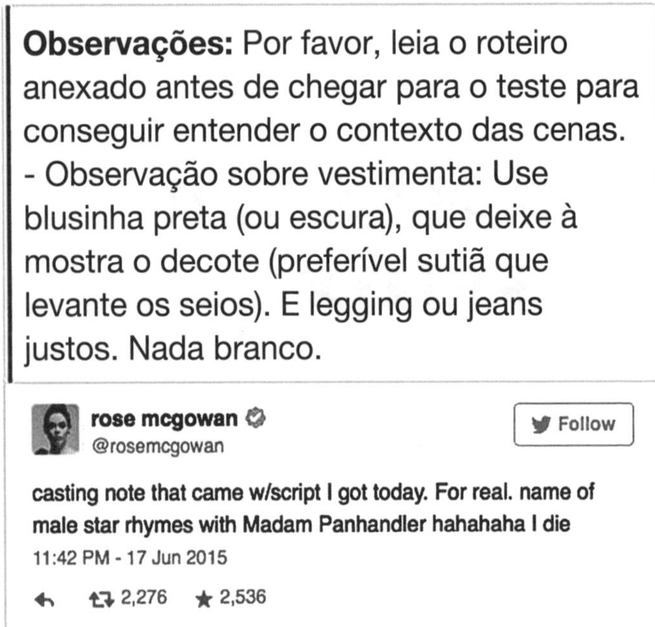

Observações: Por favor, leia o roteiro anexado antes de chegar para o teste para conseguir entender o contexto das cenas.
- Observação sobre vestimenta: Use blusinha preta (ou escura), que deixe à mostra o decote (preferível sutiã que levante os seios). E legging ou jeans justos. Nada branco.

rose mcgowan
@rosemcgowan

Follow

casting note that came w/script I got today. For real. name of male star rhymes with Madam Panhandler hahahaha I die

11:42 PM - 17 Jun 2015

2,276 2,536

observação que veio com o roteiro que recebi hoje. Sério. O nome do astro rima com Madam Panhandler há-há-há-há tô morta.

Acordei na manhã seguinte, chequei meu telefone e percebi que meu tuíte tinha viralizado. Meu coração começou a acelerar. A internet estava em polvorosa. O tuíte tinha sido replicado pela imprensa na Índia, na China, no mundo todo. Meu segundo e mais profundo despertar veio quando comecei a ler os comentários de meus seguidores no Twitter e notei que as pessoas estavam abismadas — e com razão. O mais triste é que aquele tipo de coisa era bem normal para mim. Achei que fosse apenas algo para o qual reviramos os olhos, fazemos um comentário qualquer. Um pequeno exemplo de pequenos absurdos sofridos pelas mulheres em Hollywood. Mas a reação me fez perceber que foi mais do que um revirar de olhos. Que ainda dependia de mim desfiar essa misoginia, esse sexismo, essa lavagem cerebral de Hollywood e da imprensa, se eu quisesse libertar minha própria mente.

Percebi que estava na hora de começar conversas de verdade com o público. Não me calaria mais. Eu sabia que meu ativismo viria a público em algum momento — eu era ativista dos direitos gays havia anos, não só uma ativista para mulheres, especificamente. Nunca pensei que Adam Sandler fosse a grande revelação. Mas, analisando as coisas, faz sentido. Afinal, em que mundo Adam Sandler — representando o norte-americano médio, naturalmente — termina ao lado de mulheres como Kate Beckinsale, Salma Hayek ou Jessica Biel? Os filmes "bobinhos" pelos quais ele é conhecido são bem mais perigosos do que parecem ser porque difundem uma sensação de poder entre os milhões de caras que são o público-alvo. A mensagem é que eles, como ele, com sua camiseta e calça de moletom manchadas, com a sorte de ter um pênis, sem qualquer atributo mental que chame atenção, têm direito a ter uma mulher realizada e incrível como Salma Hayek. E isso é expressado não só pelo roteiro de merda que diz isso, mas pela própria seleção de elenco. É absurdo. A mensagem passada aos homens pela imprensa tem a ver com direito e dominação, seguindo as regras do clube dos meninos privilegiados. E eles são a voz da sociedade. Sem dúvida existe um paralelo entre essa mentalidade e a violência e a agressão sexual contra as mulheres.

Eu estava em Nova York durante o terremoto que aconteceu no Twitter. Meu filme, *Dawn*, estava sendo exibido no Lincoln Center, uma honra enorme, e saí direto de lá para gravar *Watch*

What Happens Live, um programa da Bravo apresentado por Andy Cohen.

Saí do set quando acabei pensando que aquilo era desperdício de vida, quando recebi um e-mail da minha agente dizendo que eles estavam me demitindo.

Por cerca de dez segundos, fui tomada por um medo paralisante. Pensei: *Ah, merda, está acontecendo de novo. Serei difamada de novo.* Eu tremia. Mas então percebi...

Os grandões da agência achavam que podiam me despedir e que tudo ficaria em segredo. Grande erro. Eles acharam que eu ia protegê-los, porque, como eu disse, Hollywood funciona com uma máfia.

Comecei a pensar. Por que eu deveria proteger aqueles fofoqueiros acéfalos com meu silêncio? Eles me humilhavam, me desvalorizavam e me maltratavam. Nunca me protegeram nem protegeram legiões de outras meninas, mulheres e rapazes. Nunca fizeram nada para proteger a sensatez da sociedade, e não fizeram nada que eu veja que esteja levando a sociedade para a frente, pelo menos não ultimamente.

Hollywood vive sob um véu de mistério, mas eu nunca disse que guardaria segredos. Se você não guarda os segredos deles: *Tsc, tsc, tsc, sabemos quem você é. É uma louca. Nunca vai chegar a lugar nenhum. Você, mocinha, vai ser punida*. Vamos fazer o seguinte: O que acham de não fazer coisas nojentas que tenham que manter em segredo? O que acham de tratar as mulheres que trabalham com vocês de modo justo e humano, assim como tratam os caras? O que acham de se colocar no lugar delas e ver como é viver como elas? A única maneira de mudar as coisas é levantando o cobertor e lançando luz sobre a escuridão. Meu objetivo é expor Hollywood pelo que realmente é. Tenho mais um milhão de histórias que poderia contar neste livro, mas não tenho energia para documentar todas as merdas. Ao usar algumas de minhas histórias como exemplos, espero que ocorra um efeito dominó. Mais mulheres ganharão força, assumirão seu poder e dirão: "Chega!" E os homens serão apoiadores.

Então, fiz um outro tuíte a respeito de ter sido demitida e punida por me expressar.

rose mcgowan
@rosemcgowan
Follow
I just got fired by my wussy acting agent because I spoke up about the bullshit in Hollywood. Hahaha. #douchebags #awesome #BRINGIT
6:56 PM - 24 Jun 2015
2,805 ★ 4,135

Acabei de ser demitida por minha agente sem escrúpulos por ter falado as merdas de Hollywood. Há-há-há #imbecis #otimo #VAMOSLA

rose mcgowan
@rosemcgowan
Follow
The awesome thing about being an artist? You can't be fired from your own mind. #FREEDOM
9:57 PM - 24 Jun 2015
915 ★ 1,725

O mais incrível de ser artista? Não podemos ser demitidos de nossa mente. #LIBERDADE

É uma sensação maluca quando algo que escrevo ou faço viraliza. Só com um celular na mão, tenho uma ferramenta de grande força. É como me relaciono com o mundo dentro e fora do que as pessoas pensam. Tem sido uma ferramenta muito útil e que me permite falar por mim mesma, dizer o que acho, falar pelos outros, mas ainda é uma experiência unicamente estranha quando, pelo celular, parece que você está segurando um fio desencapado.

Por fim, percebi como era importante para mim como artista retomar minha força, meu poder e meu valor. Porque existe algo dentro de nós que eles não podem tirar, por mais que tentem. Estou escolhendo mudar as normas ditadas pela sociedade, por isso me ocorreu que faço política, de certo modo. Mas é política que não pode ser votada no congresso. Se você é artista, ninguém pode tirar isso de você.

Em pouco tempo, o programa *Good Morning America* me chamou. Foi uma ótima entrevista. Fui intensa e as perguntas foram respeitosas. Normalmente, só vemos uma mulher ser intensa na tela quando ela está sendo comandada por um homem ou coisa assim. Raramente vemos mulheres intensas sendo entrevistadas. Nós mulheres, historicamente, temos sido treinadas para sermos agradáveis o tempo todo. Precisamos parar com isso e sermos autênticas — a ira justificável faz parte disso. Sentir raiva é normal. Ninguém vai morrer se as mulheres extravasarem a raiva de modo saudável. É mais do que normal que as mulheres e as meninas tenham emoções próprias que não estejam relacionadas ao que um homem faz ou ao que a sociedade diz.

Quando a história de Adam Sandler estava passando, outra coisa aconteceu que eu sabia que poderia usar como exemplo para uma mudança necessária. Em junho de 2016, o novo crítico de cinema da revista *Variety*, Owen Gleiberman, publicou um texto horroroso humilhando a atriz Renée Zellweger porque, na opinião dele, ela estava diferente desde a última vez em que ele a vira, querendo dizer que ela havia "feito plástica" e perguntando se ela ainda é a mesma atriz já que "não se parece mais consigo mesma". Decidi rebater esse texto vergonhoso do jornalismo escrevendo uma carta pública ao autor, e distribuí para que outras pessoas pudessem ver e entender que a perseguição não é só com Renée Zellweger, mas com todas nós mulheres:

> Owen Gleiberman, isto não é um contraponto. Não existe contraponto, não existe defesa para o indefensável.
>
> Renée Zellweger é um ser humano, tem sentimentos, tem uma vida, amor, vitórias e sofrimentos, como qualquer um de nós. Como você ousa usá-la como saco de pancadas em sua tentativa frustrada de fazer bonito em seu novo emprego? Como ousa perseguir uma mulher que não fez nada além de tentar divertir pessoas como você? O crime dela, de acordo com o que escreveu, é envelhecer de um jeito que você não aprova. Quem é você para aprovar alguma coisa? O que você está fazendo é maldoso, prejudicial, burro e cruel. Também fede a privilégio de homem branco. Você está tão seguro de sua posição no firmamento que é Hollywood, que sentiu que poderia fazer uma coisa dessas. E seus editores na *Variety* acharam que isso poderia ser publicado sem problemas.
>
> Você endossa de modo ativo o que é a agressão e o abuso a atrizes e mulheres. Digo como alguém que foi agredida

por Hollywood e por pessoas como você na imprensa, mas sou de outra linhagem, com a qual eles não contavam. Eu me recuso e rejeito essa merda em nome daqueles que sentem que não podem se expressar. Sou alguém que foi forçada por um estúdio a ir ao programa de Howard Stern, onde ele me pediu para mostrar meus lábios vaginais para ele enquanto meu assessor e minha assessora de imprensa permaneciam ao meu lado sorrindo, sem fazer nada para me proteger. Sou alguém que aguentou ameaças de morte de fãs, que teve sites dedicados a mim apenas para me chamar de gorda. Aguentei agressões em um nível que você não compreenderia, Owen.

Fiquei tão confusa com tanta agressão que acabei me esquecendo de como sou. O que foi ótimo, porque me ergui das cinzas para ter poder. A verdade é esta: homens como você e as mulheres que ficam caladas diante disso deveriam saber que se calar e ser cúmplice é um crime moral, e se isso fosse punido em Hollywood, a maioria de vocês estaria em algum tipo de prisão.

Qualquer estúdio para o qual Renée Zellweger fez dinheiro, ou qualquer colega que tenha ajudado ou qualquer pessoa que tenha levado 1% da renda dela deveria estar fazendo o que é certo: deveria estar denunciando essa agressão.

Por ser uma mulher que tem sido perseguida há anos por uma matilha de seres baixos, me identifico com isso. Muitas provavelmente estão caladas porque não querem que a caneta da demissão seja apontada para elas. Então, eu digo: podem apontar para mim. A não ser que me matem, não podem fazer mais do que já fizeram comigo durante meu tempo como atriz. Não me importa se vocês têm medo. Tenham coragem. Façam o que é certo, para variar. Eu odeio o medo, mas ele é a base sobre a qual está eguida esta cidade. O medo me foi dado por homens e por mulheres que aqui vivem e trabalham, assim como acredito que tenha acontecido com a sra. Zellweger. Medo de ser difamada, medo de ser considerada difícil, medo de... medo de... medo.

Bem, escute só, Owen: não tenho medo nem de você nem de ninguém. Essa é uma cidade pequena, muito pequena, míope, que se acha o máximo e que ama se amar. Estou aqui para pedir a todos vocês que soltem o espelho e olhem para a sociedade, porque quer saibam disso ou não, também fazem parte dela e, quando se fecham no silêncio padrão, vocês ferem todas nós. Pense bem no que você está fazendo, analise sua responsabilidade e culpa. Quem estão protegendo e por quê? Quem estão ajudando e por quê?

Owen, a última frase de seu texto: "espero que seja um filme sobre uma pessoa gloriosamente comum e não sobre alguém que não quer mais ser quem é" é problemática para cacete.

Sabe de uma coisa? Está na hora de parar de foder com a cabeça das mulheres.

Sabe quais são meus interesses, Owen?

Meus interesses vão além de acabar com um desconhecido. Meu interesse é destruir o *status quo*. Meu interesse como cidadã é PARAR com a lavagem cerebral que Hollywood e a imprensa fazem impunemente há tanto tempo. A lavagem cerebral com a qual você tem concordado e apoiado.

Vamos falar sobre os jornalistas de Hollywood: Joan Didion, John Fante, Raymond Chandler, Robert Towne, Dorothy Parker, John Gregory Dunne, Preston Sturges, I.A.L. Diamond, Pauline Kael e Billy Wilder. Estes foram *jornalistas* de Hollywood.

Você, Owen Gleiberman, não é um deles.

Você não passa de um agressor escondido atrás de folhas de papel couchê.

Renée Zellweger não entrou em contato comigo, mas eu não esperava que fizesse isso. Não fiz o que fiz por ela, fiz por todas as mulheres que são afetadas por essa onda de perseguição e humilhação, incluindo eu mesma. As pessoas na indústria não se revoltam contra a revista *Variety* nem contra a *Hollywood Reporter*, de jeito nenhum. Elas querem uma boa crítica. O problema dessas publicações diárias é que são as únicas notícias que os membros da seita de Hollywood consomem. E são caras brancos do mercado falando com caras brancos do mercado. Uma câmara de eco. O modo como falam sobre as mulheres é nojento. Reforçam a ideia errada que muitas pessoas em Hollywood têm. Minha realidade é que lido com a imprensa do mundo todo. Duas publicaçõezinhas da indústria não me interessam muito. Não enquanto não mudarem suas atitudes. Além disso, durante anos a *Variety* ficou do lado do Monstro, defendendo as ações dele.

Alguns meses depois de aquele texto da *Variety* ser publicado, vi outdoors por todos os lados anunciando uma sequência de *X-Men*. A Twentieth Century Fox era o estúdio que lançaria e comercializaria aquele filme, voltado para adolescentes e jovens adultos. Adivinhem quem estava na campanha de lançamento? Jennifer Lawrence, a mais nova queridinha da América (e uma respeitada atriz vencedora do Oscar), sendo estrangulada por um "homem" de cara feia. A frase que aparecia era assim: "Só os mais fortes sobrevivem." Li que muitas mulheres estavam furiosas com aquela campanha, mas a Fox estava se fazendo de surda.

Acredito que ninguém do lado de Lawrence tenha se dado conta de como aquela campanha de marketing era errada. Nossa! Bandeira vermelha de alerta. Aquela campanha, para a maioria das pessoas em Hollywood, era normal. Babacas! Mais uma vez, decidi escrever uma carta ao público. Eu me sentia na obrigação de ser uma voz para as mulheres que sofreram violência.

> Existe um grande problema quando os homens e as mulheres da Twentieth Century Fox acreditam que a violência ocasional contra as mulheres é o caminho certo para divulgar um filme. Não há contexto na campanha, só uma mulher sendo estrangulada. O fato de ninguém ter impedido isso é ofensivo e, francamente, idiota. Os gênios por trás disso, e eu uso esse termo com ironia, precisam dar uma boa olhada no espelho e ver como estão contribuindo com a sociedade. Imaginem se fosse um homem negro sendo estrangulado por um homem branco, ou um homem gay sendo estrangulado por um hétero? A revolta seria enorme. Então, vamos corrigir esse erro. Twentieth Century Fox, já que não conseguem colocar mulheres para dirigir suas produções nos próximos dois anos, o que acham de pelo menos trocar o anúncio da campanha?
>
> Vou finalizar com uma mensagem que um amigo me enviou, uma conversa com a filha dele... Ela perguntou: "Pai, por que aquele monstro está sendo violento com uma mulher?" Isso foi dito por uma menina de nove anos. Se ela conseguiu enxergar, por que a Fox não consegue?

Numa declaração à imprensa, a Fox se desculpou pelo outdoor.

> **Em nosso entusiasmo de mostrar a maldade do personagem Apocalypse, não reconhecemos de imediato a infeliz conotação da imagem divulgada. Assim que percebemos como aquilo era insensível, tomamos as medidas para recolher o material. Nós nos desculpamos por nossas atitudes e nunca incitaríamos a violência contra as mulheres.**

Dou crédito à Fox, porque retiraram a campanha. Dito isso, eles não a teriam tirado se eu não tivesse me expressado. E ainda não contrataram diretoras. Mais uma vez, é uma voz e uma perspectiva masculinas sendo imposta ao mundo.

Enfrentei respostas e perseguição de garotos do tipo "Moro na casa da mamãe com meu laptop" que não conseguiam ver que a imagem é um forte reforço da violência contra as mulheres. "Ela é azul! Não é real!" Como escrevi em meu texto de protesto, "se uma criança de nove anos consegue enxergar, por que vocês não conseguem?". É muito cansativo lidar com idiotas que são idiotas porque querem, às vezes sinto vontade de gritar. Sei que não estou sozinha nessa, mas me exponho e, assim, sou alvo de agressão. Mas é pelo bem maior, ainda que seja pelo bem daqueles reclamões que vivem com suas mamães.

Então, veio o ano de eleição. Em outubro de 2016, conforme as mulheres foram contando suas experiências de abuso inflingido por Trump, houve uma onda de respostas por parte de defensores do estupro, o que gerou uma enxurrada de comentários com a hashtag #whywomendontreport ("por que as mulheres não denunciam") — principalmente quando o agressor é um indivíduo famoso. Eu tuitei:

rose mcgowan @rosemcgowan — Follow

a (female) criminal attorney said because I'd done a sex scene in a film I would never win against the studio head. #WhyWomenDontReport

2:19 AM - 14 Oct 2016

579 · 842

uma advogada criminal disse que por eu ter feito uma cena de sexo em um filme, nunca ganharia uma disputa contra o diretor do estúdio. #PorQueAsMulheresNãoDenunciam

rose mcgowan @rosemcgowan — Follow

because it's been an open secret in Hollywood/Media & they shamed me while adulating my rapist. #WhyWomenDontReport

2:20 AM - 14 Oct 2016

630 · 1,140

Porque é um segredo conhecido em Hollywood e na imprensa & eles me humilharam e adularam o estuprador. #PorQueAsMulheresNãoDenunciam

rose mcgowan @rosemcgowan — Follow

Because my ex sold our movie to my rapist for distribution #WhyWomenDontReport

2:21 AM - 14 Oct 2016

503 · 939

Porque meu ex vendeu a distribuição do nosso filme para o cara que me estuprou #PorQueAsMulheresNãoDenunciam

E por fim, escrevi isto:

> Para as mulheres e para os homens na indústria do entretenimento que sabem exatamente com quem estou falando e o que estou dizendo, peço para que sejam corajosos. Não trabalhem com pessoas que sabem que são agressores, vocês são melhores do que isso. Tomem uma atitude. Vocês são responsáveis por suas atitudes. Parem de recompensar sociopatas. Sempre que defendem um comportamento abjeto, estão consentindo e permitindo um crime, e, com isso, não se diferenciam muito dos criminosos. Quantas outras histórias vocês terão que ouvir até fazerem a coisa certa e pararem de recompensar homens que são predadores? Por que são tão covardes a ponto de escaparem do modo mais fácil? Posso dizer que, se fazem isso, vocês não têm coração. Seu legado pessoal, quem você é, está em risco, então lutem. Sei que sabem ser melhores. Sei que são capazes de se livrar das amarras do mistério. Então, comecem já.
>
> **rose mcgowan**
> @rosemcgowan
> Follow
>
> **Dear Hollywood,**
> 23:44 - 17 Oct 2016
>
> 539 1,198

Cara Hollywood,

Encontrei um ritmo para me envolver com as pessoas, usando o Twitter como um veículo para isso, e o Facebook, até certo ponto. Aprendi a usar a mídia social como um modo de iniciar uma conversa. Procuro maneiras de tentar unir os mundos, construir a ponte para reformular ideias e ideologias arraigadas. Nem sempre acerto, mas minhas intenções são genuínas.

Não uso a palavra *fãs* — não é assim que interajo com o público. Não é um fã e uma celebridade: somos todos seres humanos, estamos juntos nisso. Vejo meus incentivadores como pensadores tanto quanto eu.

Acima de tudo, sei que falo para pessoas que se identificam comigo: os não alforriados, os feridos, os perdidos, os solitários, os corajosos que escolheram viver a vida de modo diferente, que escolheram agir como uma sociedade que deseja progresso, liberdade. São essas as pessoas da minha tribo; se não são as da sua, sugiro que você conheça algumas. Sua vida vai se tornar mais rica.

E se eu estiver certa? E se pudéssemos viver uma vida melhor, mais livre, mais forte? Levante-se e faça o certo. E se as pessoas passassem a falar das coisas que todo mundo tem tanto medo de falar?

É para isso que serve o #RoseArmy, ou exército da Rose. É uma hashtag usada em minha rede social por aqueles que se identificam como livres-pensadores. Somos um exército de pensamento. Somos um grupo de indivíduos com as mesmas ideias, que veem as coisas de modo diferente, que vivem de modo diferente.

Defendemos a liberdade de espírito e da mente. Defendemos os dissidentes. Defendemos a igualdade e o direito de ter nossas vidas descomplicadas, sem pensamentos ultrapassados e cobranças tradicionais.

Recomendo o livre-pensamento e o raciocínio crítico.

Também acho que sonhar acordado, se você quer chamar dessa forma, é essencial para o desenvolvimento — simplesmente se deite no sofá e analise e estude a vida, analise sua situação em vez de apenas reagir. Refletir e dar a si mesmo um tempo sem TV, internet e música, ouvindo o som da sua mente, é algo incrivelmente importante. Defendo muito isso. Seja corajosa. Seja corajosa, olhe para dentro, analise suas posições nas coisas, pergunte a si mesma por que se sente assim, entre nessa toca de pensamentos. Seja curiosa. Vá fundo. E, para quem já faz isso, vá mais fundo ainda.

Mais do que qualquer coisa, recomendo uma abordagem criativa a todo aspecto da vida. Durante o tempo que passei escrevendo este livro, também gravei um disco, o *Planet 9*. Decidi que, se não posso ir a outro planeta, terei que criar meu próprio domínio interplanetário. Meu disco é uma experiência que levará você em uma viagem pelo tempo e pelo espaço. Usar minha voz e as palavras para criar e estimular a emoção é algo forte e sinto muito, muito orgulho do meu disco. Ele é delicado, cerebral e impulsiona, faz você sentir.

A letra do refrão da música "RM486" diz "aqui para pintar cores no sol, aqui só para ver o fogo se alastrar", porque é para isso que estamos aqui. Estamos aqui para ser e para trazer mágica.

O pensamento artístico é algo que acredito existir em todos os seres humanos; o problema é que isso acaba sendo arrancado de muitos de nós em vez de ser valorizado e alimentado. A criatividade é o pensamento livre. A inovação vem da criatividade. Quando digo que gosto de propor o pensamento, me refiro ao pensamento criativo. Se analisarmos como a sociedade age e como ela pode ser melhorada, estaremos olhando para algo de modo criativo.

A arte alimenta o pensamento e está em todas as partes. Não está só dentro dos museus, que podem ser intimidadores. Estou em Berlim enquanto escrevo isto, olhando pela janela para um hospital. É uma bonita obra de arte acidental. Cada uma das janelas desse hospital tem um tom diferente de amarelo e de verde, por isso parece uma bela instalação. A arte está em todas as partes, de fato. Já comecei até a mostrar às pessoas minhas fotografias no Instagram (@rosemcgowanarts) e estou planejando uma exibição dos meus trabalhos fotográficos. Gosto de fotografar pessoas não necessariamente pela aparência delas, mas pelo modo com que vejo sua estrutura, o formato do rosto. Vejo os contornos, e é isso o que quero registrar. A arte está nos ângulos, nos cantos do seu quarto. Está em como a luz reflete na água. Está em todas as partes, você só precisa procurar.

Muitos empresários que conheço dizem de modo determinado, fazendo que não com a mão: "Não faço o tipo criativo." E penso: *Nossa, coitado de você, eles realmente te influenciaram. Em que momento sua criatividade foi roubada? Quantos anos você tinha quando homogeneizaram sua mente?* Porque é assim que o pensamento não criativo é: homogeneizado. E isso nos separa uns dos outros.

Por que uma pessoa empreendedora não poderia ser criativa? Como seremos ótimos em nosso trabalho ou na vida? Como seremos apaixonados por algo se não analisarmos essa coisa de modo criativo, se não tentarmos abordagens únicas? Tenho certeza de que você já teve situações na vida que exigiram soluções criatividas. Bum! Sabe o que isso significa? Você é criativa. Você é uma artista em sua própria vida.

Acho bizarro e trágico o jeito com que a sociedade nos pressiona a dizer que somos o que somos por causa do nosso trabalho. A pergunta "O que você faz?" significa o que pagam para você fazer, como se isso fosse sua característica determinante. Todo o resto é um "passatempo". Mas esse resto também compõe as coisas que você é e que faz. Não é porque não ganha dinheiro com isso que significa que não o faça. É tão válido quanto ir ao escritório, talvez até mais.

Ao remover os rótulos que nós mesmos e a sociedade nos colocamos, podemos ter uma vida muito mais rica, muito mais aventureira, muito mais divertida.

Mas como fazer isso? No meu caso, comecei escrevendo minhas convicções sobre mim mesma e voltei às pessoas de quem as peguei. Comecei a pensar bastante e a olhar para as convicções que me prendem, sabendo que se chegasse à causa principal, poderia lutar para ser livre. Porque, sabe de uma coisa? Ao manter velhos sistemas de convicções, eu, acima de tudo, não estava ajudando meu próprio espírito. Ao escrever essas velhas convicções, fiquei livre para pelo menos pensar diferente a respeito de quem sou e lapidar um outro futuro. Um futuro com base em minhas verdadeiras forças. Um futuro com base em como *eu* realmente me via, não em como era vista.

CULTO DO PENSAMENTO

Vamos discutir o entretenimento como propaganda dos homens, certo? Perguntas: Você consegue imaginar como seria se a história do homem fosse interpretada, mostrada e vista apenas pelo ponto de vista da mulher? Acha que já existiu um filme em que apenas mulheres foram contratadas para contar uma "história de homem"? A resposta é não. Raramente isso é comentado ou abordado porque, de novo, como mulheres estamos todas muito acostumadas a ganhar migalhas. As mulheres do mundo têm sido interpretadas e apresentadas a nós de um jeito perigoso. Somos espelhadas em nós mesmas quase que exclusivamente através da ideia de um homem a respeito do que somos; é apropriação de gênero ao extremo. Fato: O Directors' Guild of America, o sindicato que representa os diretores em atuação em Hollywood, é 96% formado por homens e assim tem sido desde 1946. Isso quer dizer que, ao longo da vida, você teve uma dieta prioritariamente formada pelo "pensamento" e pelo viés masculino a respeito de como as mulheres são e o que podem ser. Por que 96% de nossa informação, entretenimento e filosofia vêm dos homens? Isso se deve à misoginia sistêmica. Isso se deve à inexistente supervisão do governo. O cinema e a televisão são o playground dos homens brancos. Pela visão estreita deles, vem o espelho manipulado no qual você é forçada a se ver. Se isso não é dominação masculina, não sei o que é. Em 2016, apenas 23% dos papéis com fala na tela eram de mulheres, a maioria em filmes de horror, e todos sabemos o que acontece com elas nessas histórias. Se você não acha que isso é importante, está enganada — é muito importante. É assim que formamos nossas ideias a respeito de nós mesmas e dos outros, e comprar essas ideias nos envenena de modos que nem sempre reconhecemos. Até agora, não existe resposta para essa injustiça; só posso pedir para você ficar atenta ao que consome. Comece a notar os estereótipos e os clichês. Comece a rejeitá-los. Comece a reclamar. Tuíte sobre diretores, estúdios, qualquer empresa que estiver por trás deles. Mas, acima de tudo, exija mais. Sua mente está em jogo.

Uma coisa não tão estranha aconteceu enquanto eu escrevia a parte final deste livro. Um produtor e roteirista de um programa muito famoso da TV a cabo que usa as mulheres como objetos e acessórios de maneira nojenta, estava enviando mensagens de texto muito inadequadas para mim. Eu nunca dei a ele motivo para isso. Um homem que vende sua visão de domínio sobre as mulheres a milhões de telespectadores há anos.

A conversa estava repleta de manipulação, pressão e, principalmente, conteúdo sexual inadequado. Revirei os olhos de tédio para esse maluco, mas então pensei um pouco mais nas mensagens. Percebi que, se ele se sentia bem dizendo aquele tipo de coisa para mim (!), para mim, que obviamente aponto as merdas do comportamento masculino ofensivo e estereotípico, o que poderia estar dizendo para outras mulheres? E fazendo? E, pior ainda, ele continua a difundir seu desrespeito às mulheres a um público no mundo todo, fazendo com que elas ajam como ele acha que as mulheres são. E muitas de nós já engolimos tudo isso pensando ser apenas entretenimento inofensivo e bobo. Mas não é. Tudo o que consumimos importa. É o que forma você, é importante. Conheça o que está assistindo para poder rejeitar. Se Hollywood não pode mudar, merece falir.

Fico muito feliz por poder enfrentar a máquina que por tanto tempo afetou nossa mente com uma perspectiva estreita. Porque, quando enfrentamos Hollywood, estamos enfrentando os estereótipos que a indústria impõe. E a verdade é que o cinema está morrendo. Sabe por que os homens em Hollywood não têm mais ideias? Porque estão fodidos. Eles se marginalizaram ao se prender a atitudes misóginas e a ideias ultrapassadas. E a dedicação enorme que empenham para manter o poder dos homens brancos intacto está custando bilhões, para você ver como estão afundados no que acham correto. Eles não são sequer bons empresários, mas têm o domínio de nossa mente.

Essa campanha de difamação contra as mulheres, que dura séculos, foi longe demais. Eu digo chega. Diga-me a verdade: a mulher na tela faz com que você se lembre de sua mãe, de sua irmã ou de sua tia, ou da mocinha da rua de baixo? Não só na aparência — eu me refiro à atitude e ao pensamento. As mulheres têm interesses, esperanças, sonhos, aspirações. E tudo isso vai além da vontade de ser "comível".

O fato de a maioria dos homens em Hollywood verem as mulheres de modo tão antiquado nos limitou na sociedade. Sei o que estou dizendo, eu ajudei a fazer isso contra você. Muitas das minhas entrevistas, com perguntas ofensivas e condescendentes de uma mídia gerenciada por homens, tinham foco em me diminuir por ser uma mulher que não se encaixava na forma estreita deles. Pense no equivalente a dizer que uma moça merece ser estuprada se ela usar saia curta. Não deixe que seu complexo de Madonna/Puta se torne meu ou nosso problema. Cresça. Pense melhor.

Em minha carreira de atriz, me esforcei muito para desempenhar papéis fortes que causassem impacto. Nenhum entrevistador me perguntou sobre minha arte, meus métodos — eles não costumam perguntar isso às atrizes, principalmente para as que usam saias curtas. Muitos entrevistadores, tanto homens quanto mulheres, costumam abordar questões femininas da mesma maneira de sempre: marginalizando, sexualizando, ridicularizando. Durante toda a minha carreira, ouvi que sou inteligente demais "para uma atriz". Não, eu sou inteligente e ponto. Eles faziam isso para me colocar numa caixa e me manter na linha. Temos que reconhecer a agressão e nos afastar.

Hollywood mantém a ideia mentirosa de que estava vendendo ingressos a uma plateia masculina jovem. Isso serve para justificar a onda sem fim de mulheres objetificadas. Mas, olha só, esses jovens estão fazendo *download* de seu produto ilegalmente. Não estão comprando ingressos. São as mulheres e as meninas que Hollywood deveria estar cortejando. Somos nós que direcionamos as vendas de ingressos — isso já foi provado muitas vezes estatisticamente. As mulheres têm sido excluídas de serem diretoras, roteiristas, cineastas, técnicas, engenheiras, cientistas, filósofas, banqueiras e artistas; precisamos conquistar o que queremos ser. A sociedade continuará essa zona até começarmos a contar histórias diferentes e a pensar mais sobre nossa responsabilidade com o público. As pessoas lotam as salas de cinema quando se veem na tela. E sabe de uma coisa? Não estamos nos vendo e estamos cansadas disso.

Há algo muito surpreendente em como a imprensa e Hollywood entraram em sintonia, agindo lado a lado para emburrecer a população. Se você não lê — 42% dos formados em cursos superiores nos Estados Unidos não voltam a ler outro livro na vida depois que se formam —, o entretenimento e a mídia online são os meios pelos quais seus pensamentos são formados. Esses produtos da mídia não dão um espelho da vida, ou dão? Você se vê nessa tela? Provavelmente não, entao por que os homens responsáveis pelo espelho estão dentro da sua cabeça? Quando as pessoas entenderem de onde vêm os 99% da mídia, espero que a desliguem ou que pelo menos tenham consciência do que estão vendo, que escolham com sabedoria e comecem a pressionar esses estúdios até que se corrijam. Os estúdios da Twentieth Century Fox não terão diretoras em vista pelos próximos três anos. Isso quer dizer que esse mundo multicolorido está recebendo conteúdo quase todo formado por homens brancos. Não é à toa que está uma porcaria.

No começo deste livro, falei sobre a estrela de filmes clássicos Frances Farmer, aquela que levou choques na cabeça. Eu estava usando um exemplo extremo. Mas sabe de uma coisa? O mais trágico é que o mesmo destino está sendo imposto às mulheres hoje, enquanto Hollywood continua arrancando a dignidade delas. E se estão fazendo isso aqui, estão fazendo com você também. Recentemente, estive em Miami e conheci uma bela atriz de olhos assustados, o cabelo arrumado num penteado com três cachos nas pontas, o penteado-padrão de Los Angeles que fazem em todas as jovens. Ela me contou que, quando tinha dezessete anos, alguns anos antes, protagonizava uma série com um ator conhecido por ser viciado em sexo. Chamaram sua mãe para pedir permissão para mostrar o traseiro da atriz em uma cena, e a mãe autorizou, mas, quando a garota chegou ao set, disseram que na verdade ela caminharia nua pela multidão. A mãe da garota não estava presente naquele momento. A jovem não sabia o que fazer, por isso fez a cena. Caminhou nua pela multidão de figurantes olhando para ela e, no fim, o astro se ajoelhou e fez sexo oral nela, diante da câmera. Uma garota de dezessete anos. Foi filmado. Foi ao ar. E foi consumido pelo público, talvez até por você.

Todo mundo naquele set sabia que o rapaz era viciado em sexo. Os produtores, os executivos, os agentes de distribuição. Todo mundo sabe, mas ninguém faz nada. São seres humanos fracos. Eu os desprezo. Eu os desprezo por ainda darem de ombros e concluírem: *é só uma garota*.

Desprezo Bill Cosby por ser um dos predadores sexuais mais prolíficos dos Estados Unidos. A julgar pelo número de mulheres que falaram, dá para imaginar quantas não falaram ou por terem morrido ou por saberem que não aguentariam passar pelo inferno da imprensa, lendo o que escreveriam a seu respeito e ouvindo o que homens ignorantes (e algumas mulheres ignorantes) diriam, pessoas que não fazem ideia de como é ser vítima. Existe uma máquina montada por trás de apetites grotescos de um ator assim: homens que testam as garotas, homens que aprovam as garotas, homens que calam as garotas depois. Assim, torna-se uma rede de fornecimento. Era uma indústria completa. Não é só uma pessoa que vai a um bar e droga alguém. É sistemático e não é um acidente. Agentes, empresários, advogados, assistentes, executivos, sindicatos... todos participaram.

Às vezes, sequer sabemos que fomos estupradas. Classificamos a situação como "experiência sexual" porque não sabemos mais a respeito. Quando eu era adolescente e vivia em Seattle, havia uma loja onde gostava de fazer compras em Capitol Hill — ou melhor, onde eu gostava de provar roupas, porque não tinha dinheiro para comprá-las. A loja era na Broadway, uma rua que se tornou famosa pelo cantor Sir Mix-a-Lot com sua clássica "Posse on Broadway". As roupas eram todas pretas e muito na moda. Eu já tinha entrado naquela loja antes, e o gerente me disse que me daria 20% de desconto. Naquela época, eu recebia um dólar para almoçar, então 20% não me ajudaria muito. Mas o gerente parecia legal; ele não me tratava como criança ainda que, certamente, soubesse que eu era criança. Decidi ir à loja no dia seguinte para experimentar roupas e sonhar que podia comprá-las. Quando estava dentro do trocador, o gerente entrou. Estava calado. Puxei a camisa na frente do peito e me encolhi contra a parede. Não entendia o que estava acontecendo, não tinha pedido para que ele me trouxesse peças. Ele abaixou a calça e partiu para cima de mim. Nunca tinha visto um pênis ereto na vida. Era grande, cheio de veias e assustador. Eu não tinha referência do que estava acontecendo. Ele puxou minha camisa para baixo, posicionou o pênis entre meus seios e os usou para gozar. Me lembro de ter me desligado, de ter voado para longe, como se estivesse no teto olhando para baixo. Rezando para que terminasse e para que eu pudesse ir embora. Fiquei em choque, tentando pensar no que fazer, e a esposa do homem entrou no trocador enquanto o marido subia o zíper da calça. Ela gritou e jogou a bolsa em mim. Ele saiu correndo e me deixou com a esposa. Eu estava paralisada, sentada no banco sem sutiã e coberta com uma gosma fedorenta. Tentei falar, mas não saiu nada. Ela gritava que eu era uma puta e que deveria me afastar do seu marido. Tentei contar a ela. Ela disse que tornaria a minha vida um inferno em Seattle. Eu só olhei para ela e disse:

— Minha vida já é um inferno.

Eu me limpei com o vestido que estava prestes a experimentar e saí. Anestesiada. Chocada. Suja. Quando cheguei em casa, me lavei muito, certa de que meu pai veria o que tinha acontecido e me culparia.

Até pouco tempo, considerei aquela minha primeira experiência sexual. Há pouco anos, percebi que aquilo não foi sexo, foi abuso infantil. E sinto muito por quem já passou por isso. Você não merecia. Não pediu para acontecer. Não é sua culpa.

Reprimi a sensação de vergonha durante anos. Sempre que pensava nela, ouvia meu pai dizendo que eu não deveria usar esmalte porque Deus veria a verdadeira sujeira embaixo das minhas unhas. Era assim que eu me sentia. Com as unhas sujas. No momento, enquanto escrevo isto, estou analisando a sujeira. Estou expondo-a.

Durante muito tempo, pensei que era preciso ser penetrada por um pênis para que um estupro ocorresse. Estava enganada. Qualquer coisa que não seja consentida sexualmente é agressão sexual. Dedos, boca, pênis, se estiverem em você ou dentro de você sem seu consentimento, é agressão sexual. Certa vez, eu estava em uma boate gay, de pé em uma cadeira para assistir a uma apresentação, quando um gay enfiou um dedo em mim e disse:

— Ah, sempre quis saber como era.

Só recentemente percebi que isso pode ser qualificado como uma forma de estupro. Foi violação e agressão sob a ideia de que o cara pode fazer isso porque você o levou a isso causando *vontade* nele.

O que a coitada daquela garota viveu no set foi estupro também, até onde sei. Ela me contou sobre o ocorrido em um coquetel. Percebi que aquilo a feriu muito e fiquei muito triste por ela.

Quando se é mulher ou garota, dizem que sua maior recompensa é ser reconhecida por sua beleza, e ser desejada. Você tem que se deixar à mostra sempre que está em público, mas diminuí-la fora da tela, em sua vida particular, porque não quer deixar ninguém desconfortável nem atrair atenção indesejada. Aquela moça sofreu uma lavagem cerebral para achar que seu único valor é sua beleza, porque desde pequena tem recebido elogios. E logo isso torna algo que você acha que deve às outras pessoas.

A todas às meninas bonitas por aí, e também aos meninos bonitos: vocês não devem nada a ninguém por terem a aparência que têm. A sociedade dá passe livre aos homens. "Eles não se controlam.", "Você os levou a fazer isso com sua beleza." Ouvi isto muitas vezes: "Eles não conseguem se conter... Ah, coitado, ele não aguenta." Ah, vá se foder, isso se chama agressão. Ninguém diz o que é de fato nessa sociedade, mas está na hora de começar.

Não somos descartáveis, não somos "só garotas". As mulheres de Juarez, as índias desaparecidas do Canadá, as "meninas noivas" sequestradas por Boko Haram na Nigéria: todas são "só garotas". Está na hora de pararem de pensar em nós dessa forma. Não somos "só qualquer coisa". Somos seres humanos completos. Pensem na nossa vida.

TEMOS CORAGEM

Você já deve estar pensando: *Do que essa mulher está reclamando? Ela não sabe que tem muita sorte?*

Ouvi isso ao longo de toda a minha carreira. "Você tem muita sorte."

Essas quatro palavras construíram muros invisíveis ao meu redor que me mantiveram isolada, assustada, ressentida e solitária por quase vinte anos.

Acho que sorte é não ter contraído lepra nem ser uma criança cega e desabrigada em Calcutá. A fama para mim não é sorte. Sim, há pessoas que desejam ser idolatradas, reconhecidas, valorizadas por nada mais do que sua existência. Eu nunca vi dessa forma. Para mim, a fama era uma força corrosiva, algo ao qual sobreviver. Há muito mais que não escrevi aqui. Todo mundo merece dignidade, sem exceção.

Então, apesar de ser grata pelas experiências que tive — pelos amigos, pelas viagens, pelas aventuras —, não acredito que deva uma carta de agradecimento a Hollywood. Eu devo um chute na bunda, por assim dizer. Obrigada por não me proteger, obrigada por me comercializar, obrigada por me ferir. Mas sim, vamos lá, podem me chamar de sortuda.

Aos roteiristas que criam o modo com que vemos umas às outras e a nós mesmas: Vocês são responsáveis. O que escrevem molda os pensamentos e as autoimagens de bilhões de seres humanos. Tomem cuidado com suas palavras e suas imagens. Cresçam. Sejam mais espertos. Pensem mais.

Várias vezes perguntei ao diretor de um sindicato de roteiristas — um homem muito, muito inteligente e muito liberal — se eu podia falar aos sindicalizados. Queria falar com seus roteiristas, homens E mulheres, de igual para igual. Queria conversar com esses roteiristas sobre as más interpretações que sempre fazem, principalmente sobre as mulheres. E todas as vezes em que pedi ao diretor desse sindicato para conversar com os roteiristas, ele disse:

— Vou ter que perguntar ao meu comitê de mulheres.

Queria falar sobre escrever melhores personagens, não só para as mulheres, mas para todo mundo. Mas isso é típico de um homem liberal sexista que não sabe o porquê de estarmos onde estamos. Vou ter que perguntar ao meu comitê de mulheres. Vá se foder. Como vamos consertar o sistema de comunicação se ninguém pode falar com ele?

E também há o problema da representatividade. Empresários e agentes. Com base em tudo o que tenho vivido e visto, a maioria não tem visão para entender, nem de longe, a natureza de um artista. Se tivessem, protegeriam e cuidariam dos artistas, e assim teriam valor para nós. Agentes parecem pensar que eles são os astros, que eles têm poder. Que ilusão. Acho que qualquer pessoa que lucra em cima de outra não passa de um cafetão. Homens já negociaram quanto tempo meus seios e minha bunda poderiam ser exibidos na tela. Na rua, isso é ser um cafetão. Em Hollywood, eles ganham milhões em comissões. É uma forma de tráfico de pessoas.

E ao Screen Actors Guild (o sindicato dos atores): vocês fazem parte disso. Estão entendendo? Deveriam estar dizendo: "Somos um sindicato. Vamos proteger nossos membros no set, principalmente os mais vulneráveis, as mulheres e as crianças. Vamos exigir que os salários sejam os mesmos para o mesmo trabalho." Vocês estão perdendo a oportunidade de estabelecer padrões e acertar as coisas. Paguei a vocês um valor inacreditável em impostos para que pudessem proteger meus direitos. Mas não protegeram. Uma atriz é uma funcionária como seria em qualquer outro emprego em qualquer outro segmento. Deveria haver uma linha para ligações anônimas para denunciar agressão no set e abuso de poder. Nosso sindicato faria uma mudança positiva só com isso. Não tem desculpa o fato de deixarem esses crimes acontecerem com seus membros.

E diretores: já disse muito sobre vocês nestas páginas, clube do Bolinha de dominação e dos chiliques infantis. Por favor, aprendam de uma vez por todas que uma garota, uma mulher, não é só uma coisa de saia feita para permitir que os caras gozem assistindo ao filme. Vocês não estão cansados de serem um clichê? Porque nós estamos muito cansadas de vocês. E PAREM de usar o estupro como ferramenta narrativa; é prejudicial e deixa traumas.

A maioria de vocês faz filmes medíocres, na melhor das hipóteses; na pior das hipóteses, filmes de merda. Pouquíssimos estão fazendo clássicos porque vocês não são muito bons. Porque são limitados como seres humanos. Um ótimo diretor deve ser empático e *multitasking*, pontos fortes femininos. Talvez seja por isso que vários desses homens sejam uma droga.

Certa vez, eu estava no banco de trás de um carro, e Quentin Tarantino e Robert Rodriguez estavam na frente. Eu queria ver até onde ia o ego de um diretor. Decidi fazer um teste por conta própria. Decidi ver até que ponto eu conseguia ser nojenta, para ver se aqueles caras acreditariam. Imaginei que seria difícil, já que não sou conhecida por ser muito dócil. Então, mandei na lata: "Imaginem o que significa para mim, uma mulher, ter a 'permissão' de estar nesse carro com vocês dois, homens que são verdadeiros deuses na Terra. Todo mundo adora vocês... Nossa, ser vocês deve ser incrível, os caras mais fortes e durões do mundo com os empregos mais cobiçados e blá-blá-blá." Estava nas alturas me entregando daquele jeito, e pensava: *Vamos, rapazes, vamos. A qualquer momento vocês vão perceber que estou forçando e vão rir e dizer para eu ficar quieta.* Que nada. Eles endireitaram os ombros, e suas plumas se abriram. Parecia que eles estavam sendo sufocados por plumas feitas de ego. Eu os odiei.

Eles levaram aquilo 100% a sério porque estão cercados de pessoas (e produtoras) que os bajulam.

Mulheres da indústria: vocês precisam acordar e perceber que os homens nunca abrirão caminho para vocês. Não vão oferecer lugar à mesa deles, então montem sua própria mesa. Deem um jeito, vocês são capazes. Em todos os outros aspectos de sua vida, vocês são chefes, não são? Então, pensem. Vocês conseguem.

As produtoras que são contratadas para bajular os pobres diretores nessa vida dura de dirigir fazem qualquer coisa para mantê-los calmos. Há poucas diretoras, mas há muitas mulheres produzindo porque, claro, grupos desses diretores bebezões querem alguém que atue como mãe deles. Que clichê.

Às mulheres que podem investir em roteiristas e diretoras: Por que ainda estão investindo em homens? Por que continuam obedecendo às regras deles? Por que continuam apoiando um sistema que não apoia vocês e suas semelhantes? Às produtoras: por que não estão contratando mulheres em massa? Por que vocês, agentes do sexo feminino, não estão representando o máximo de mulheres que podem? Façam de propósito, façam o tempo todo. Sejam corajosas. Se uma não der certo, tente outra. Até parece que todos os homens deram certo.

Atrizes: vocês não são um objeto, são artistas. Aborde a produtora, se ela existir, e exija que defenda seus direitos diante do diretor. Se não houver produtora, vocês têm que encontrar alguém que defenda seus direitos e que se torne um aliado. Fale sobre os sofrimentos e sobre as agressões durante os testes e no set. Registre reclamações contra seu sindicato se ele não proteger a você e aos outros. Saia de testes em que fiquem alinhadas com meninas usando biquínis, com notas dadas por diretores babacas. Digam não a papéis humilhantes, clichês, nos quais serão humilhadas, digam o *motivo* do não e LEVEM A PÚBLICO. Digam não quando quiserem transformá-las em bichos de exposição no tapete vermelho. Digam não às cenas de estupro. Exijam respeito e salários iguais.

Aos homens de modo geral: acho que já está na hora de se olharem no espelho.

Caras como vocês são o maior perigo às mulheres e às crianças. Vocês são o maior perigo aos animais e ao planeta. Estamos enfrentando a extinção por causa de vocês, o maior motivo pelo qual temos guerra, mortes em massa, estupro, abuso, tortura e um monte de outros males. Em outras palavras, o problema são caras como vocês, talvez até mesmo vocês. Saibam que vocês e caras como vocês têm que mudar. É responsabilidade de vocês fazer o trabalho. Ninguém mais tem culpa, são vocês que **devem** romper esse ciclo. Assim como o racismo não é problema dos negros, a misoginia não deve ser consertada pelas mulheres, mas sim por vocês.

Vejam como são privilegiados. Mesmo com meus amigos mais "esclarecidos", às vezes vejo atitudes dominadoras, sem que eles a percebam. Desde que nascem e por serem meninos, são vistos pela sociedade como superiores. Podem estar na situação mais ridícula e fodida possível, mas ainda assim são melhores do que uma menina na mesma situação. Já se perguntaram por que isso acontece? Por quê? Não consigo entender. Não vejo nenhuma evidência de superioridade. Não acho que ter um pênis torne alguém superior — na verdade, acho que é o que os torna vulneráveis, e a vulnerabilidade os assusta. O medo que os homens escondem faz com que muitos ataquem para mostrar que são durões. Não está dando certo. Mudem.

Não me entendam mal. Sinto muito pela caixa na qual os homens são colocados e por nascerem com uma ideia muito limitada do que devem ser. Um tédio. Vejo isso na minha vida, com meu pai. Ele foi criado sob uma dieta exclusiva de filmes de John Wayne e por seu pai machão que lutou na guerra da Coreia. O pai dele dizia que homem de verdade não chora, que homem de verdade não reclama, que homem de verdade, homem de verdade, homem de verdade... *ad infinitum*. "Vá ver John Wayne, nunca vai vê-lo num momento de fraqueza. Nunca." Quantos homens cresceram com essa ideia errada de força? Durante anos, Hollywood foi responsável por mostrar aos homens como ser a versão mentirosa de si mesmos. Está na hora de derrubar isso.

Não estão cansados de serem os solitários, os palhaços, os nerds, os garanhões? Não gostariam de se desenvolver como seres humanos mais profundos, com nuances? Estão vivendo uma ilusão que é gerada por uma máquina de propaganda em massa. Não querem ver como é a Matrix e sair dela? Para vocês que estão fora, vão em frente.

Mal posso esperar para que todos nós sejamos apenas seres humanos. Sem gênero. Sem estereótipos. Só seres humanos. Mas antes disso precisamos expor a doutrinação tradicional.

Aaah, o patriarcado. O patriarcado, para mim, é o equivalente da sociedade masculina sentada em uma poltrona "do papai", aproveitando seu conforto. Vocês não notam que é uma armadilha? Por que se sentem inferiorizados diante de uma mulher forte? Ninguém sai perdendo. Minha igualdade e respeito não deixam menos respeito a vocês; não é uma receita de bolo, porra. Há criatividade, amor e recursos para todos nós se pararem de ocupar tudo. Vocês estão em segurança, está bem? Ninguém está tentando pegar vocês, são vocês que estão tentando nos pegar. Vejam as estatísticas. E se vocês não fossem mais controlados pela insegurança e pelo medo? E se também pudessem ser livres?

Às mulheres: Por que ainda estão pedindo desculpas? Por que estão sempre se desculpando apenas por existir? Ocupem espaços. Assumam-nos. Não estão cansadas de não saber seu valor? Não estão cansadas de verem seu valor ser medido por quanto são gostosas e bonitas? Não estão cansadas de competir com outras mulheres? Não estão cansadas de ideias da sociedade que beneficiam os homens e nos incentivam a ficar umas contra as outras? Por que não ajudar a mulher ou a garota ao seu lado? Em vez de contratar o cara, contrate a garota. Faça isso de propósito. E, se não funcionar na primeira vez, tentem de novo. Vamos agir assim. Não é ser sexista, é direito e justo. E já deveria estar acontecendo há muito, muito tempo. Não obedeçam às regras que eles inventam. Parem com isso.

Hoje reconheço meu valor e vejo o mesmo em vocês. Vejo o quanto são importantes e como não percebem. Se vocês conseguem, todo mundo consegue.

Se as chamassem de odiadoras de homens, amargas, mal-comidas, misandristas, qualquer outro nome que inventarem, sobreviveriam, certo? Sim, sobreviveriam. Já fui chamada de todos os nomes e sobrevivi.

Dizem que sou amarga quando luto por igualdade. Não sei o que a igualdade aos olhos da lei e da consideração igualitária têm a ver com amargura. É só mais um rótulo usado para me calar e para calar pessoas como eu. Mas quem se importa se homens lentos de raciocínio nos rotularem assim? Eles sempre nos rotularam de alguma coisa; que seja com motivo.

Homens e mulheres: vocês podem ser feministas. Isso só quer dizer que vocês são a favor de direitos e de salários iguais. Se acreditam que mulheres deveriam ter direitos e salários iguais, parabéns, vocês são feministas. Bem simples, na verdade. Quando são a favor da igualdade, vocês recuperam a humanidade. Ao recuperarem a humanidade, começam a perceber que, na verdade, estão no controle da narrativa. É uma posição de poder. O feminismo, há anos, tornou-se uma palavra suja, mas não é. Os homens no poder e na mídia fizeram dela uma palavra suja para atender aos propósitos *deles*, não aos nossos. Veja quem está se beneficiando quando você não se reconhece como feminista, porque não é você. Então, seja feminista. Não há taxa de adesão, só são necessários uma mente livre e um desejo por igualdade. Vamos!

E para as sobreviventes: vocês precisam saber que VOCÊS são incrivelmente fortes. Vejam o que fizeram e até onde chegaram. Sigam em frente. Vocês são poderosas. Vejam como avançaram na vida apesar de todas as malditas mensagens que recebem todos os dias de que não são boas o bastante. Porque vocês são, sim. Eu as amo e respeito.

Quando eu fazia parte da seita de Hollywood, eu me diminuía e dizia ter talentos inúteis. Talento inútil número 72, talento inútil número 75, etc... Eu era uma boa escritora, mas não era meu trabalho oficial, então, para mim, era só um talento inútil. Sou uma ótima fotógrafa, mas nunca usei a fotografia como outra carreira porque já tinha uma. Fotografia era o que os outros faziam profissionalmente, eu não — eu era atriz. E também existia o talento inútil número 47: a música. Amo cantar e sou ótima compositora. Mas ninguém me disse que eu podia fazer o que quisesse. Nunca recebi essa mensagem, então eu mesma me passei essa mensagem que também compartilho com vocês. Sejam vocês mesmas. Sejam estrondosas e sintam orgulho.

Façam o que quiserem o quanto puderem. Façam o que quiserem fazer, porque esta é sua vida. Vivam uma vida de aventura, pequena e grande. Façam coisas esquisitas. Não há motivo para viverem a vida no ritmo dos outros. Se sentir vontade de passar a noite acordada e dormir durante o dia, encontre uma maneira e faça. É o seu tempo, é tudo o que você tem, até onde sei, então por que passar esse tempo deixando os outros felizes se você mesma não está feliz?

Se você fosse o que quisesse ser, o que seria? Não seria incrível se fôssemos nossa melhor versão? Acho que isso é algo nobre a ser pensado e pelo qual batalhar. Podemos ser melhores pensando de um jeito diferente. O que há de diferente em você é o que a torna incrível. Os outros vão tentar homogeneizá-la para o conforto deles, porque não podem se sentir desconfortáveis de jeito nenhum. Fodam-se os outros. Não se curve para que se sintam mais altos. Quando alguém se aproximar dizendo o que você é, rotulando-a, pergunte o porquê. Por que você diz isso? Faça a pessoa *pensar*.

Sejam criativas em tudo o que fizerem. É preciso coragem, mas acredito em vocês; sei que têm o poder de serem melhores. Sei que está aí dentro a força para serem corajosas.

P.S.

Aqui é onde faço o *postscript* da minha vida, de onde estou agora. Estou ótima. Tenho curtido me tornar cada vez mais corajosa. Ficar mais à vontade comigo mesma. Usar todos os meus talentos artísticos como inspiração para os outros. Faço comerciais. Estou dirigindo filmes. Estou prestes a lançar um disco. Também estou lançando um trabalho incrível cheio de amor, uma linha de cuidados para a pele que desafia o que a indústria da beleza diz que precisamos. Chama-se The Only Skincare. Tenho trabalhado em uma fórmula especial 3 em 1 com minha tia Rory nos últimos oito anos. É uma linha incrível, revolucionária em sua simplicidade e eficácia. Fico muito feliz por fazer as coisas de um jeito diferente. A indústria da beleza também precisa mudar seu sistema de comunicação e, ao criar algo de confiança que realmente funciona, embarcarei nessa viagem em breve. Além disso, como disse antes, meu disco, o *Planet 9*, será lançado na mesma época deste livro. O livro e o disco combinam muito bem, e os dois falam sobre a liberdade de pensamento.

Todo mundo acha que uma atriz deixa de existir quando não está mais nas telas.

Bom, estou aqui para dizer que não é verdade. Levo uma vida incrível, muito variada, cheia de viagens, trabalho e alegria.

Passei a maior parte da minha vida adulta trabalhando a serviço dos outros, mas sendo silenciada no processo: não sou mais assim. Não posso ser. Tenho que usar minha plataforma para sempre. Meu trabalho atual é um trabalho que amo e um trabalho que sou livre para fazer, e no qual, sinceramente, arrebento. Demorei anos para dominá-lo, mas dominei. Quero dar início a conversas e, assim, realizar mudança.

Por muito tempo, achei que tinha força por causa do meu pai, mas a verdade é que eu sou forte. Eu consegui essa força com todas as mulheres que vieram antes de mim em minha família. Tive uma mãe brilhante, superpolitizada. Minha tia Rory, minha tia Kelli, minha tia Debby, minha avó Nora. Minha bisavó Ruby, que foi uma das primeiras mulheres a frequentar a Universidade do Novo México. Todos os dias, homens lançavam objetos na direção dela a caminho da aula, mas ela perseverou. As mulheres da minha família aguentam coisas, como muitas de nós. Um viva a todas nós vivendo num mundo novo, diferente, um mundo no qual não temos simplesmente que aguentar, mas no qual somos livres. Um viva a todas nós que exigimos mais.

Ser corajosa não quer dizer não ter medo, só significa fazer as coisas que dão medo mesmo assim. Por isso, analise o que a consome e escolha de modo inteligente. Envie e-mails, escreva, use o Twitter, exija coisas diferentes daqueles que criam narrativas prejudiciais. E se essas pessoas não mudarem, recuse-se a aceitar o que elas estão oferecendo. Afaste-se do sistema onde você veja injustiça acontecendo. É mais importante do que nunca que cresçamos depressa. Nossa vida está em jogo, nossa mente está em jogo. Veja como temos sido tratadas e nos defenda. Não colabore com a degradação que sempre nos impõem. Não entre no jogo do sistema. Seja melhor. Pense de modo diferente. Sei que você consegue. Sei que pode mudar o mundo, começando pelo seu, tendo coragem.

AGRADECIMENTOS

Agradeço a todos que demonstraram gentileza e consideração pelo caminho. Vocês sabem quem são.

Publisher
Omar de Souza

Gerente editorial
Mariana Rolier

Editora
Alice Mello

Copidesque
Juliana Araujo

Preparação de original
Anna Beatriz Seilhe

Revisão
Marina Góes

Adaptação de capa
Osmane Garcia Filho

Diagramação
Abreu's System

Este livro foi impresso em São Paulo, em 2018,
pela Intergraf, para a HarperCollins Brasil.
A fonte usada no miolo é ITC Berkeley Oldstyle Std, corpo 10,5/16,3.
O papel do miolo é Chambril Pólen Soft 80g/m^2, e o da capa é cartão 250g/m^2.